REGRAS DE ULPIANO

ULPIANI LIBER SINGULARIS REGULARUM

EDIÇÃO BILÍNGÜE: LATIM - PORTUGUÊS

Nota do Editor: Os artigos do Código Civil citados nas notas de rodapé pelo tradutor (quando a tradução foi publicada pela primeira vez, estava em vigor o CC de 1916, Lei nº 3.071, de 1º.1.1916), foram atualizados seguindo o Código de 2002, Lei nº 10.406, de 10.1.2002.

Ulpiano

REGRAS DE ULPIANO

ULPIANI LIBER SINGULARIS REGULARUM

EDIÇÃO BILÍNGÜE: LATIM - PORTUGUÊS

TRADUÇÃO - INTRODUÇÃO - NOTAS
GAETANO SCIASCIA

REGRAS DE ULPIANO
ULPIANI LIBER SINGULARIS REGULARUM
EDIÇÃO BILÍNGÜE: LATIM - PORTUGUÊS

1ª Edição 2002

Supervisão Editorial: *Jair Lot Vieira*
Editor: *Alexandre Rudyard Benevides*
Capa: *Equipe Edipro*
Tradução, introdução e notas: *Gaetano Sciascia*
Revisão: *Carlos Valero e Isabel Maringoni*
Digitação: *Richard Rett*

Nº de Catálogo: 1331

**Dados de Catalogação na Fonte (CIP) Internacional
(Câmara Brasileira do Livro, SP, Brasil)**

Ulpiano
  Regras de Ulpiano / Ulpiano / Ulpiani liber singularis regularum edição bilíngüe: latim - português / tradução, introdução e notas Gaetano Sciascia / Bauru, SP: EDIPRO, 2002. (Série Clássicos Edipro)

  Ulpiani liber singularis regularum.
  ISBN 85-7283-369-2

  1. Direito Romano 2. Ulpiano, 170-228 I. Sciascia, Gaetano. II. Título. III. Título: *Ulpiani liber singularis regularum.* IV. Série.

02-6807   CDU-34 (37)

Índices para catálogo sistemático:
1. Regras de Ulpiano : Direito romano : 34 (37)
2. Ulpiano : Regras : Direito romano : 34 (37)

EDIPRO – Edições Profissionais Ltda.
Rua Conde de São Joaquim, 332 – Liberdade
CEP 01320-010 – São Paulo – SP
Fone (11) 3107-4788 – FAX (11) 3107-0061
E-mail: ***edipro@uol.com.br***

Atendemos pelo Reembolso Postal

SUMÁRIO

Introdução 9

Notas sobre Ulpiano 17

Palavras das *Regras de Ulpiano* que não se encontram nas *Institutas de Gaio* 19

REGRAS DE ULPIANO 23
Ulpiani liber singularis regularum

Proêmio - Começam os títulos do conjunto de Ulpiano - Introdução sobre as leis e o costume 23
Incipiunt tituli ex corpore Ulpiani

1 - Dos libertos - As diferentes classes - *Lei Élia Sência* - Limites e efeitos da alforria - *Lei Fúfia Canínia* 23
De libertis

2 - Dos alforriados sob condição - Quais são - Ainda da alforria por testamento e fideicomisso 32
De statu libero vel statu liberis

3 - Dos latinos - Como alcançam a cidadania 35
De Latinis

6   REGRAS DE ULPIANO

4 - Dos que são *sui iuris* (sujeitos de direito) 38
    De his qui sui iuris sunt

5 - Dos que estão sob o poder de outrem - Filhos sob pátrio poder - Casamento - Seus impedimentos - Efeitos quanto à filiação 38
    De his qui in potestate sunt

6 - Dos dotes - Constituição - Limites da restituição - Direito de retenção 41
    De dotibus

7 - Das doações entre cônjuges - Exceções à proibição - Como os filhos caem sob pátrio poder em época posterior ao nascimento 46
    De iure donationum inter virum et uxorem

8 - Das adoções - Espécies - Quem pode adotar 48
    De adoptionibus

9 - Das que estão *in manu* (no poder de alguém) - Forma da *confarreatio* 50
    De his qui in manu sunt

10 - De que modo se libertam os que estão sob pátrio poder ou mancípio 50
    Qui in potestate mancipiove sunt quemadmodum eo iure liberentur

11 - Das tutelas - Espécies de tutores - Cessão da tutela - *Capitis deminutio* - Tutela testamentária, legítima e dativa - Poderes e responsabilidades do tutor - Fim da tutela 53
    De tutelis

12 - Dos curadores - Espécies 61
    De curatoribus

13 - Do celibatário, do sem prole e do pai solitário - Outros impedimentos matrimoniais 62
    De caelibe, orbo et solitario patre

14 - Da pena da *Lei Júlia* - Prazo para evitá-la 64
    De poena legis Iuliae

REGRAS DE ULPIANO 7

15 - Das décimas - Quando se tomam 65
De decimis

16 - Da capacidade recíproca de os cônjuges tomarem a totalidade dos bens - Requisitos e sanções 66
De solidi capacitate inter virum et uxorem

17 - Dos bens caducos 68
De caducis

18 - Dos que gozam do direito antigo em caso de caducidade ... 69
Qui habeant ius antiquum in caducis

19 - Da propriedade e sua aquisição - Coisas *mancipi* e *nec mancipi* - Modos de aquisição - Aquisição por intermédio de pessoas subordinadas 70
De dominiis et adquisitionibus rerum

20 - Dos testamentos - Espécies - Quem pode fazer testamento 77
De testamentis

21 - De como se deve instituir o herdeiro 82
Quemadmodum heres institui debeat

22 - Dos que podem ser instituídos herdeiros - Aceitação da herança 82
Qui heredes institui possunt

23 - De que modo se rompem os testamentos - Substituição pupilar - Testamentos dos militares 93
Quemadmodum testamenta rumpuntur

24 - Dos legados - Espécies - Requisitos e modalidades 97
De legatis

25 - Dos fideicomissos - Senatusconsultos Trebeliano e Pegasiano 106
De fideicommissis

26 - Dos herdeiros legítimos 111
De legitimis heredibus

27 - Da sucessão e dos bens dos libertos 115
De libertorum successionibus vel bonis

28 - De quando se dá a posse dos bens 116
De possessionibus dandis

29 - Dos bens dos libertos - Direito quiritário e pretoriano 120
De bonis libertorum

A) Das injúrias 123
De iniuriis

B) Espécies de ações 123
Actiounum genera

INTRODUÇÃO

No manuscrito vaticano do século X, que pertenceu à rainha Cristina da Suécia (*Codex Vaticanus Reginæ n° 1.128*), depois da Lei Romana dos Visigodos, encontra-se um apêndice contendo uma obra elementar de direito romano, que inicia com as seguintes palavras: *Incipiunt tituli ex corpore Ulpiani*; *i.e.*, começam os títulos do conjunto de Ulpiano.

Dois trechos da obra coincidem literalmente com trechos da *Collatio legum Mosaicarum et Romanarum* (Ulp. 5, 6 e 7 = Coll. 6, 2; Ulp. 26, 1 = Coll. 16, 4) e outro corresponde a um fragmento do *Digesto* (Ulp. 20, 6 = D. 22, 5, 17).

Em vista de os trechos de comparação, segundo sua epígrafe, serem extraídos do *Liber singularis regularum* de Ulpiano, os primeiros editores indicaram o apêndice vaticano como sendo o próprio livro único das Regras de Ulpiano; mas, depois de Teodoro Mommsen, a obra foi unanimemente considerada como um epítome do mesmo livro único de Ulpiano.

Este jurisconsulto, como aliás fizeram Gaio e talvez Paulo, escreveu também outra obra de *Regulæ*, em sete livros. O *Digesto* reporta vinte fragmentos dela e as *Institutas* de Justiniano utilizam pelo menos dois trechos da mesma obra. Faltam-nos, entretanto, elementos para estabelecermos as relações entre o *Liber singularis* e os sete livros, de forma que nenhum esclarecimento podemos

10 REGRAS DE ULPIANO

tirar destes quanto à natureza daquele e, por conseqüência, dos *Tituli ex corpore Ulpiani.*

Quanto às relações entre o epítome e o *Liber singularis*, o Prof. Fritz Schulz assim condensou os resultados das suas rigorosas pesquisas: "O autor do *Liber singularis* não foi por certo Ulpiano, mas um jurista desconhecido do III século ou dos meados do IV. Sua fonte principal foi Gaio, segundo o texto das *Institutas* que nós temos. A obra utiliza outras fontes clássicas que se podem raramente identificar. Não se sabe se o epítome tirou da circulação o *Liber singularis* inteiro, nem se os três fragmentos da *Collatio* e os dois do *Digesto* (Coll. 2, 2; 6, 2; 16, 4; D. 22, 5, 17; D, 44, 7, 25) indicados como extraídos do próprio *Liber singularis Ulpiani*, derivam da obra integral ou apenas do epítome. Parece que Justiniano não aproveitou nenhuma das duas obras na compilação das *Institutas*".

O resumo consta de vinte e nove títulos e de um proêmio. Como se pode constatar especialmente nos títulos V e XI, as rubricas nem sempre correspondem a seu conteúdo, e este, muitas vezes, é fragmentário. Por isso é muito provável a opinião segundo a qual as rubricas são anteriores à redação do resumo. Aliás, elas não coincidem perfeitamente com as dos textos geminados transmitidos pela *Collatio.*

A obra oferece uma exposição resumida dos princípios fundamentais do direito privado, quer o *ius civile* quer o *ius honorarium*, segundo o sistema das *Institutas* de Gaio, com as quais coincide não só na ordem, mas também, por vezes, nas palavras.

O manuscrito vaticano pára no trecho que corresponde a Gai. 3, 53. Pode ser que o resumo continuasse expondo o fim do direito das sucessões e as teorias das obrigações e do processo; mas sua extensão, que proporcionalmente seria maior do que *é* habitual nas monografias, não confirma esta hipótese. De outro lado, *é* certo que o *Liber singularis regularum* tratava das relações obrigacionais e do processo, como se deduz de Coll. 2, 2 (atos ilícitos) e de D. 44, 7, 25 (ações).

No resumo encontra-se a ilustração de normas e institutos não considerados no Gaio de Verona; *i.e.,* o dote, as doações entre

REGRAS DE ULPIANO

cônjuges, o novo direito da *Lei Pápia Popea* e, logo no início, o costume.

Por isso, segundo o Prof. Arangio Ruiz, a obra não passa de um resumo das *Institutas* gaianas, redigido exatamente conforme uma edição das *Institutas* posterior à que chegou até nós no manuscrito de Verona. Contra esta opinião se pronunciaram Albertario e Buckland e o próprio Prof. Schulz; em particular o primeiro, baseando-se na denominação da obra — *corpus*, i.é, conjunto de obras — e em coincidências de fundo e de forma com a produção jurídica de Ulpiano, sustentou que o epítome era um extrato de todas as obras do mais fecundo jurisconsulto romano.

Na tentativa de contribuir para a solução do problema, redigi o vocabulário das Regras de Ulpiano, comparando-o ao das *Institutas* de Gaio, de autoria de P. P. Zanzucchi. Apresento os resultados na lista à pág. 19 desta edição. Resta agora conferir a lista com o vocabulário de todas as obras de Ulpiano, e, não existindo ainda este subsídio, pelo menos com as palavras do *Vocabularium Jurisprudentiæ Romanæ*, empregadas por Ulpiano. No caso das palavras que coincidem serem, em proporção, mais numerosas que as que não coincidem, a opinião de Albertario encontrará grande apoio. Não dispondo do V.I.R., aliás incompleto, experimentei fazer a comparação com o *Handlexikon* de Heumann-Seckel, achando muitas coincidências. Mas, dado o caráter exemplificativo dos textos citados neste dicionário, não se pode chegar a uma conclusão certa. Por outro lado, raras são as coincidências com as palavras da obra intitulada *Libri opinionum*, que não se atribui a Ulpiano (G. Rotondi).

Quanto à época das Regras, devemos distinguir a data do próprio resumo daquela da obra original sobre o qual foi redigido.

Observando que no resumo não se mencionam as sanções do celibato, o grande Mommsen pensa que foi feito depois de 320 d.C., ano em que Constantino aboliu as penas (C. Th. 8, 16, 1 = C. 8, 57, (38), 1); o Prof. Schulz, com base em Ulp. 5, 6, opina que o epitomador conhecia a constituição de Constantino, mas não a de Constante e Constâncio II do ano 342 (C. Th. 3, 12, 1) que proibiu todas as uniões entre tio e sobrinha, considerando-as incestuosas.

12 REGRAS DE ULPIANO

Mas embora, como se disse, as rubricas provavelmente sejam anteriores ao resumo, há uma delas (15), que faz referência expressa aos celibatários, e em Ulp. 17, 1 e 22, 5 estes são considerados como incapazes. Por outro lado, Ulp. 5, 6 resume Gai. 1, 62.

Quanto à data da redação da obra original de que temos o resumo, ainda maiores são as dúvidas. Para determiná-la, nenhum valor podem ter as referências a tempos presentes, quando elas correspondem a iguais referências já feitas por Gaio nos mesmos casos (*hodie*: Ulp. 1, 10 = Gai. 1, 22; Ulp. 11, 8 = Gai. 1, 171; Ulp. 20, 2 = Gai. 2, 103; nunc: Ulp. 5, 6 = Gai. 1, 62; Ulp. 26, 1 a = Gai. 3, 17).

Ocorre uma vez que uma referência a tempos atuais, que existe também nas *Institutas* de Gaio (*nunc*: Ulp. 8, 5 = Gai. 1, 102), menciona o imperador Antonino como já falecido (*divus*) enquanto Gaio o considera ainda vivo (*optimus imperador*). Trata-se por certo do imperador Antonino Pio, falecido aos 7 de março de 161 d.C.

Menciona-se um *Antoninus* junto com Cômodo em Ulp. 26, 7, enunciando-se novo princípio de direito atual (*hodie*), que Gaio, no lugar correspondente, ignora (Gai. 3, 24). Aqui a referência dá um indício mais valioso para determinar a data de redação da obra original, pois Cômodo reinou de 180 até 192 d.C. Não há porém elementos que permitam individuar o Antonino mencionado com ele; é provável que seja o pai de Cômodo, Marco Aurélio, também da família dos Antoninos, embora alhures (Ulp. 22, 34) seja chamado *Marcus*.

O nome de Antonino aparece outra vez, com referência a tempos presentes (*hodie*), num trecho que também não tem correspondência em Gaio (Ulp. 17, 2). Falta a indicação do falecimento do imperador. De que Antonino se trata? À opinião de ser Antonino Pio se opõe a objeção de que Gaio parece ter publicado sua obra depois da morte dele (Gai. 1, 195); pois o jurisconsulto não teria omitido um princípio tão importante como aquele por força do qual *omnia caduca fisco vindicantur*, se a norma tivesse sido baixada pelo imperador. Por outro lado, mesmo que, como pensa o Prof. Schulz, o trecho de Gai. 1, 195 não seja autêntico, não há

REGRAS DE ULPIANO   13

dúvida de que o próprio Gaio ignorava a norma (cf. Gai. 2, 150, 206, 207, 286; 3, 62).

P. F. Girard opina que o *Antoninus* mencionado é Antonino Caracala, o qual reinou de 211 até 217 d.C.. O romanista francês se apoia em uma vaga notícia de Dion Cassio 78, 12 e na duvidosa *Vita Macrini* 13, onde se diz que Macrino, o sucessor de Caracala, teria abolido normas fiscais deste imperador. Assim conclui Girard, a obra original, depois resumida, é anterior a Macrino, exatamente dos tempos de Caracala.

Mais, independentemente da dificuldade de se referir a três ou pelo menos a dois imperadores diferentes o nome de *Antoninus*, deve-se lembrar que o texto de Ulp. 17, 2 está em contradição com outros trechos da mesma obra (Ulp. 25, 17 e 1, 21), onde se fala de um instituto, os *praemia patruum*, inconciliável com a norma fiscal. Note-se ainda que a atribuição dos bens caducos ao *fiscus* não se concilia com a atribuição dos mesmos ao *populus*, de que se fala em Ulp. 28, 7.

Ora, em face da contradição, ou Ulp. 17, 2 é um acréscimo posterior à redação da obra original, ou as referências ao instituto contrário são posteriores. Mas, sendo o instituto dos *praemia patruum* conforme ao direito clássico (Gai. 2, 150), é certamente mais provável que a citação de Antonino em Ulp. 17, 2 não seja autêntica, especialmente considerando que nenhuma fonte indica Caracala como autor da norma por força da qual todos os bens caducos pertencem ao fisco. Ficamos assim com a opinião segundo a qual a base do resumo não é anterior ao imperador Cômodo, *i.e.*, a 180 d.C.

Mas exatamente depois desta data se coloca Ulpiano, que inicia sua produção sob Sétimo Severo (193 d.C.) continuando-a sob seus sucessores. Neste caso, não é sem fundamento a opinião dos que consideram o epítome efetivamente um resumo de uma obra de Ulpiano ou de um conjunto de obras dele.

Ademais, os defeitos da obra são graves e numerosos. Prescindindo dos provenientes de erros de amanuenses (por exemplo: Ulp. 1, 12; 6, 6; 11, 24; 20, 16) e da contradição supra indicada, há no texto repetições inadmissíveis numa obra monográfica (por

14 REGRAS DE ULPIANO

exemplo: Ulp. 23, 6; 28, 6; 13, 1 e 16, 2), explicações que não podem derivar de um jurisconsulto clássico (por exemplo: Ulp. 6, 6; 22, 15; 23, 6), princípios que são estranhos ao período áureo da jurisprudência romana (por exemplo: Ulp. 19, 6 e 8). A lista das chamadas glosas pós-clássicas foi feita em 1935 pelo Prof. Volterra; desde então, os trechos suspeitos aumentaram consideravelmente.

Vários autores estudaram as *Regulae* de Ulpiano. Assinalo com a sigla "n.c." as obras que não me foi possível consultar. A primeira edição em ordem de tempo foi a de J. Du Tillet em 1549 (n.c.), o bispo parisiense que descobriu o manuscrito. O texto com anotações está em Cuiacius, *Opera*, Venetiis, 1757, vol. I págs. 259 a 308. Tendo-se perdido o manuscrito, as edições seguiram a primeira. Uma tradução foi feita por A. G. Daubanton, *Le trésor de l'ancienne jurisprudence romaine*, Metz, 1811, págs. 101 a 146.

Depois de J. C. Savigny ter encontrado outra vez o manuscrito no Vaticano, E. Boecking publicou o *Ulpiani liber singularis regularum* (5ª edição), Lipsiae, 1855, e editaram na obra todas as coleções de fontes romanas anteriores a Justiniano. P. F. Girard, *Textes de droit romain* (6ª edição, Senn), Paris, 1937, a reproduz nas páginas 461 a 491 e J. Baviera, *Fontes iuris Romani anteiustiniani* (2ª edição), Florentiae, 1940, nas páginas 259 a 301. Por opinião unânime, o texto mais cuidado é o de F. Schulz, *Die Epitome Ulpiani des Codex Vaticanus Reginae* n° 1.128, Bonn, 1926 (n.c.).

Todas as edições, em geral, e todos os manuais de história das fontes jurídicas romanas contêm uma apresentação resumida da obra. Trataram em particular dela T. Mommsen, *Gesammelte Schriften*, vol. 2, Berlin, 1905, págs. 47 a 55 (n.c.); O. Karlowa, *Roemische Rechtsgeschichte*, vol. 1, Leipzig, 1885, págs. 768 a 771; P. Joers, *Real-Enciclopedie Pauly-Wisowa*, vol. 5 (1905), págs. 1.435 a 1.439 (n.c.); V. Arangio-Ruiz, *Bullettino dell'Instituto di Diritto Romano* 30 (1921), págs. 178 a 219 e 35 (1927), págs. 191 a 203; W. W. Buckland, *La Quarterly Revue* 38 (1922) (n.c.) e E. Albertario, *Studi di diritto romano*, vol. 5, Milano, 1937, págs.

494 a 530 (*Bullettino dell'Instituto di Diritto Romano* 32 (1922) págs. 75 a 150). Outras indicações bibliográficas oferece E. Volterra, *Rivista di storia del diritto italiano* 8 (1935) e F. Schulz, *History of roman legal science*, Oxford, 1946, pág. 180 n° 8.

A presente edição tem finalidade meramente didática. Apresentando um resumo feito pouco depois do período em que o direito romano teve seu maior brilho, visa combinar o fito prático do estudante com o objetivo puramente científico do estudioso. O texto segue os oferecidos por Girard e pelo Prof. Baviera nas suas coleções de fontes, que aliás levaram em conta a melhor edição. Na tradução, permaneço fiel ao original latino, sem receio porém de parafraseá-lo, quando isto aproveita à clareza. As anotações remetem às fontes correspondentes e, às vezes, me dão ensejo de comparar os princípios romanos com os modernos, para avaliar estes por intermédio daqueles.

Na feitura deste trabalho, grande me foi o amistoso auxílio do bacharel José Fraga Teixeira de Carvalho, assistente de direito civil da Faculdade Paulista de Direito da Pontifícia Universidade Católica de São Paulo.

Publicado agora este livrinho, desejo prestar uma devota homenagem ao Prof. Alexandre Correia, o mestre de vida e de ciência que, há cinco anos, me acolheu em São Paulo.

São Paulo, Páscoa de 1952

Gaetano Sciascia

Notas sobre Ulpiano

Nascido em Tiro, Fenícia, foi, como Paulo, assessor de Papiniano. Foi um autor muito prolífico: *Ad Edictum* (83 livros) diz não só respeito ao *Edito do Pretor Urbano*, como também ao *Edito dos Ediles* nos últimos livros, um comentário *Ad Leguem Aquiliam*, outros comentários e as *Regras*. Tornou-se o jurista mais citado no *Digesto de Justiniano*. Nos seus últimos anos foi Prefeito do Pretório, mas, tendo se dedicado à política, morreu assassinado no ano 228 pelos pretorianos. Tanto Paulo como Ulpiano foram juristas muito significativos mas inferiores, quanto à criação jurídica, a Salvio Juliano e a Papiniano. Sua maior importância foi a recompilação e ordenamento de todo o grande material clássico.

Regras de Ulpiano (Ulpiani liber singularis regularum): o manuscrito como é conhecido, não contém toda a obra original, mas apenas um epítome com 29 títulos e 1 proêmio; segundo Schulz, trata-se de um epítome pós-clássico elaborado com base no *Liber singularis regularum* de Ulpiano e em outras obras, inclusive nas *Institutas* de Gaio.

PALAVRAS
DAS *REGRAS DE ULPIANO*
QUE NÃO SE ENCONTRAM
NAS *INSTITUTAS* DE GAIO

Abalieno - 2, 1
abdico - 11, 17
abolitus - 20, 2
abrogo - Proem. 3
abusus - 24, 27
actus (*subst.*) - 19, 1
adeptio - 19, 8
adimo - 2, 12; 24, 29
adquisitio - 19 rubr.
advencticius - 6, 3.5.6
Apollo - 22, 6
Aquaeductus - 19, 1
ars - 13, 1.2
Augustus - 20, 10
Bima - 6,8

Calvisianum (s. c.) - 16, 4
capacitas - 16 rubr.
Carthago - 22, 6
Cassiani - 11, 28
castra - 20, 10; 23, 10
Celestis - 22, 6
cibaria - 22, 26
Cincia (*lex*) - Proem. 1
cognitio - 25, 12
colo - 22, 6
commercium - 19, 4.5; 20, 13
Commodus - 26, 7
concursus - 24, 12
consequentia - 11, 3
consuesco - 11, 24

REGRAS DE ULPIANO

continuatio - 19, 8

contubernium - 11, 27

Decima - 15 rubr., 1.2.3

derogo - Proem. 3

Diana - 22, 6

Didymaeus - 22, 6

dispono - 1, 9

dissipo - 12, 3

divortium - 6, 6.7.10; 7, 1.2.3; 14, 1

dummodo - 22, 21; 24, 8

duit - 10, 1

Editio - 5, 10

eminentia - 11, 3

enixus - 3, 1

ereptorius - 19, 17

escit - 26, 1.1a

Famosus - 16, 2

ficticius - 28, 12

firmo - 24, 11 a

forensis - 11, 1

fructuosus - 6, 16.17

fungor - 6, 11

Gaditanus - 22, 6

Gallia - 22, 6

gravis - 6, 12

Hercules - 22, 6

honorarius - 12, 1

honoro - 7, 1

Iliensis - 22, 6

impar - 16, 4

immobilis - 19, 6.8

imperative - 24, 1

imperfectus - Proem. 1; 22, 34

infirmitas - 11, 1

insequens - 26, 5

inveteratus - Proem. 4

iter - 19, 1

iteratio - 3, 1.4

Latinitas - 3, 4; 22, 8

latoclavium - 7, 1

lena - 11, 2

leno - 13, 1

levis - 6, 12

ludicrus - 13, 1.2

lustralis - 1,8

Marcus - 20, 10; 22, 34

Mars - 22, 6

mas - 26, 1

Mauricianus - 13, 2

Miletus - 22, 6

Minerva - 22, 6

minutio - 11, 10; 27, 5; 28, 9

mox - 1, 22

mulus - 19, 1

municipium - 22, 5

mutatio - 23, 2

muto - Proem. 3; 11, 13

Nemesis - 22, 6

nutus - 25, 3

Obrogo - Proem. 3

octavus - 6, 12

REGRAS DE ULPIANO

orcinus - 2, 8

Paternus - 6, 2

penes - 6, 4.5

perperam - 24, 33

Persicianum (s. c.) - 26, 3

precativus - 24, 1

precative - 25, 1

Priscus - 11, 28

Proculeiapi - 11, 28

profecticius - 6, 3.7

profiteor - 1, 8

Quinquagesimus - 16, 3

quomodocumque - 23, 10

Recepticius - 6, 5

recito - 26, 7

reficio - 6, 15

repetitio - 6, 6; 24, 33

repraesentatio - 6, 13

rigor - 25, 1

ruinosus - 6, 15

Salinensis - 22, 6

sexagesimus - 16, 2

sexaginta - 16, 1.3

sexagenarius - 16, 3.4

sextus - 6, 10.12; 16, 1; 28, 7

seni - 16, 13

similitudo - 11, 5

Sipylene - 22, 6

Smyrna - 22, 6

solitarius - 13 rubr.

subrogo - Proem. 3

Tarpeius - 22, 6

Tertullianum (s. c.) - 26, 8

testatio - 3, 3; 20, 9

tortus - 1, 11

totidem - 15, 1

transmitto - 26, 5

trimus - 6, 8; 16, 1a

Vacatio - 14, 1

Visellia (*lex*) - 3, 5

viridiarium - 6, 17

voluptuosus - 6, 14.17

REGRAS DE ULPIANO

ULPIANI LIBER SINGULARIS REGULARUM

Proêmio

INCIPIUNT TITULI EX CORPORE ULPIANI

COMEÇAM OS TÍTULOS DO CONJUNTO DE ULPIANO

1. *DE LIBERTIS*

1. *DOS LIBERTOS*

1.1. *Leges aut perfectae sunt aut imperfectae aut minus quam perfectae. Perfecta lex est (...) Imperfecta lex est, quae fieri aliquid vetat, nec tamem, si factum sit, rescindit: qualis est lex Cincia, quae plus quam (...) donare prohibet, exceptis quibusdam cognatis, et si plus donatum sit, non rescindit.*

1.1. As leis são perfeitas, ou imperfeitas, ou menos perfeitas. É perfeita a lei (...) É imperfeita a lei que proíbe que se faça alguma coisa e entretanto, se se fizer, não anula o ato: tal é a *Lei Cíncia*, que proíbe doar mais de (...) e se se doar mais, não anula.[1]

1.1. A *lex Cincia* de *donationibus*, plebiscito de 204 a.c., foi revogada provavelmente por Constantino, V. F. 249; C. 8, 53, 25. Depois da constituição de Teodosio II e Valentiniano III (C. 1, 14, 5 ano 439 d.c.), que estabeleceu em geral a nulidade dos atos praticados contra leis proibitivas, não há mais *leges imperfectae* no que diz respeito à validade dos atos. No direito romano, a categoria se justifica com base na pluralidade dos ordenamentos jurídicos (sobretudo *ius civile e ius honorarium*); no direito moderno, apresenta-se exatamente em matéria de direito internacional público, cujas normas, embora se afirme hoje que se refiram a um direito das gentes já existente (Grotius), carecem em definitivo de sanção. A terminologia diz respeito também aos atos jurídicos, Ulp. 22, 34.

24 REGRAS DE ULPIANO

1.2. *Minus quam perfecta lex est, quae vetat aliquid fieri, et si factum sit, non rescindit, sed poenam iniungit ei, qui contra legem fecit qualis est lex Furia testamentaria, quae plus quam mille assium legatum mortisve causa prohibet capere praeter exceptas personas, et adversus eum, qui plus ceperit, quadrupli poenam constituit.*

1.2. Menos perfeita é a lei que proíbe que se faça alguma coisa e, se se fizer, não anula o ato, mas comina uma pena ao infrator: tal é a *Lei Fúria* testamentária, que proíbe tomar por legado ou *mortis causa* mais de mil asses, exceto algumas pessoas, e àquele que tenha tomado mais impõe a pena do quádruplo.[2]

1.3. *Lex aut "rogatur", id est fertur; aut "abrogatur", id est prior lex tollitur; aut "derogatur", id est pars primae "legis" tollitur; aut "subrogatur," id est adicitur aliquid primae legi; aut "obrogatur", id est mutatur aliquid ex prima lege.*

1.3. A lei é rogada, quando proposta; ab-rogada, quando abole a lei anterior; derrogada, quando suprime uma parte da lei anterior; sub-rogada, quando acrescenta algo à primeira lei; ob-rogada, quando altera algo da primeira lei.[3]

1.4. *Mores sunt tacitus consensus populi, longa consuetudine inveteratus.*

1.4. Os costumes são o tácito consentimento do povo inveterado pela longa repetição.[4]

1.2. A *lex Furia testamentaria* é anterior ao ano 169 a.C. Sobre as suas normas cf. Gai. 2, 225; 4, 23. 24; Ulp. 28, 7; V. F. 301; Inst. 2, 22 pr. São normas menos perfeitas, por exemplo, as do art. 1.523, I, II e IV (Código Civil/2002), pois o casamento contraído com infração delas não é nulo nem anulável, mas acarreta penas. Pode-se afirmar em geral que são do mesmo tipo todas as disposições que prevêem e punem fatos materiais, pois *factum infectum fieri non potest* (cf. D. 49, 15, 12, 2 Tryphoninus), por exemplo, arts. 1.635, V e 1.638 (CC 2002). Neste sentido, grande parte do direito penal é um conjunto de leis menos perfeitas, visto que as conseqüências materiais do delito não podem ser eliminadas pela ordem jurídica. Aliás, no direito das obrigações, há quem sustente a mesma opinião, desde que, verificando-se inadimplemento, a responsabilidade por perdas e danos não coincide com o adimplemento espontâneo; *i.e.*, o fato do inadimplemento permanece.

1.3. Em D. 50, 16, 102, Modestino, discípulo de Ulpiano, ilustra o valor de *derogare* e *abrogare* com expressões semelhantes. *Rogatio* é a proposta formal da lei, sob forma de pergunta, que o magistrado dirige aos cidadãos no comício.

1.4. Cf. Gai. 3, 82: *ius quod consensu receptum est*; D. 1, 3, 33 Ulp. Outras definições de costume em Cícero, De Inv. 2, 22, 67: *Consuetudine ius esse putatur id, quod voluntate*

REGRAS DE ULPIANO 25

1.5. *Libertorum genera sunt tria, cives Romani, Latini iuniani, dediticiorum numero.*

1.5. Há três tipos de libertos: cidadãos romanos, latinos junianos e os da classe dos deditícios.[5]

1.6. *Cives Romani sunt liberti, qui legitime (...) censu aut testamento, nullo iure inpediente.*

1.6. São cidadãos os libertos legitimamente manumitidos, *i.e.*, ou pela varinha, ou pelo recenseamento, ou pelo testamento, sem que haja nenhum impedimento jurídico.[6]

1.7. *Vindicta manumittuntur apud magistratum praetoremve velut consulem proconsulem.*

1.7. Pela varinha se manumite perante o magistrado do povo romano, como o cônsul ou o pretor ou o procônsul.[7]

1.8. *Censu manumittebantur olim, qui lustrali censu Romae iussu dominorum inter cives Romanos censum profitebantur.*

---

omnium sine lege vetustas comprobavit; em Festo: *mos est institutio patrium, id est memoria veterum pertinens maxime ad religiones caerimoniasque antiquorum*; em Servio: *Varro vult morem esse consensum omnium simul habitantium, qui inveteratus consuetudinem facit*; em Inst. 1, 2, 9 : *Diuturni mores consensu utentium comprobati*. Remetem a esta fonte de direito Ulp. 11, 2 e 24; 25, 3; 26, 1; Gai. 1, 92: *leges moresque peregrinorum*; 4, 26 a 28: (*pignoris capio*) *introducta est moribus (aut) lege*; D. 28, 6, 2 pr. Ulp. (substituição pupilar); D. 24, 1, 1 Ulp. (doação entre cônjuges), D. 23, 2, 8 Pomp. (impedimento matrimonial); D. 47, 15, 3 pr. Mac. (prevaricação); D. 27, 10, 1 Ulp. (interdição do pródigo); D. 1, 6, 8 pr. Ulp. (pátrio poder). Mas todo o direito romano é de formação costumeira: as XII Tábuas se originam dos *mores*; a jurisprudência se baseia nos precedentes; o *ius gentium* deriva dos usos mercantis; o edito sanciona praxes. O costume se encara nas fontes do direito, quando se percebe que a norma de lei nem sempre corresponde à espontânea *opinio iuris et necessitatis* do povo.

1.5. Gai. 1, 12; Inst. 1, 5, 3.

1.6. Gai. 1, 17. 35. 44. 138. *Nullo iure impediente* (cf. Gai. 1, 44) é expressão muito geral. Limitada ao direito subjetivo alheio, podem dar-se como exemplos de impedimentos: os escravos transferidos com a cláusula de não serem alforriados nem sempre se tornam livres (D. 18, 7, 6 pr. e segs.) e a condição de não se manumitir pode ter efeitos reais conforme o interesse que a fundamenta; cf . arts. 1.969 e 1.970 do CC 2002; o co-proprietário do escravo não pode, no direito clássico, alforriá-lo sozinho, Ulp. 1, 18; mas cf. Ulp. 22,10; o escravo dado em penhor não se torna livre por *ius civile* sem o consentimento do credor pignoratício, D. 40, 1, 3 Paul.; o usufrutuário do escravo alforriado pelo senhor não perde seu direito, cf. Ulp. 1, 19.

1.7. O processo fictício pode-se tirar de Gai. 2, 24. No Direito de Justiniano desapareceram todas as formalidades, D. 40, 2, 8 e 23.

26 REGRAS DE ULPIANO

1.8. Pelo censo se manumitia outrora quem, em Roma, no recenseamento qüinqüenal, se registrava, por ordem do senhor, entre os cidadãos.[8]

> **1.9.** *Ut testamento manumissi liberi sint, lex Duodecim Tabularum facit, quae confirmat.*

1.9. A *Lei das XII Tábuas*, confirmando as disposições do testador, estabelece que o alforriado por testamento se torne livre.[9]

> **1.10.** *(...) hodie autem ipso iure liberi sunt ex lege iunia, qua lege "Latini" sunt nominati inter amicos manumissi.*

1.10. Os que não tinham sido legitimamente manumitidos, mas tinham sido contemplados com a liberdade por simples vontade dos senhores, outrora permaneciam escravos; o pretor, porém, os protegia na posse do estado de liberdade. Hoje, entretanto, são libertos *ipso iure* pela *Lei Junia*, segundo a qual se chamam latinos os alforriados entre amigos.[10]

> **1.11.** *Dediticiorum numero sunt, qui poenae causa vincti sunt a domino, quibusve stigmata scripta fuerunt, quive propter noxam torti nocentesque inventi sunt, quive traditi sunt, ut ferro aut cum bestiis depugnarent, vel custodiam coniecti fuerunt, deinde quoquo modo manumissi sunt. Idque lex Aelia Sentia facit.*

1.11. São da classe dos deditícios aqueles que foram algemados pelo senhor, ou os marcados, ou os torturados por causa de um delito, tendo-se provado sua culpa, ou os entregues para

---

1.8. *Olim*, outrora, pois o último recenseamento foi no ano 74 d.C.. Os requisitos e os efeitos deste modo de alforria estão indicados no chamado *Fragmentum Dosithei*, 17. A *manumissio censu* não é praticável nas províncias; Gaio ainda a menciona (1, 17. 35. 44. 138) e lhe discute os limites (1, 140).

1.9. Gai. 2, 267; cf. Ulp. 19, 17 e 24, 1, com remissão à lei.

1.10. A *lex Iunia*, talvez de 19 d.C., estabeleceu que os que gozassem de liberdade pretoriana, se tornariam de condição igual à dos *Latini coloniarii*, tendo o *commercium*, mas não a capacidade de testar; morrendo, seus bens voltariam ao patrono ou a seu herdeiros, não como herança — pois sem responsabilidade *ultra vires*, cf. arts. 1.792 e 1.821 do CC 2002 — mas como pecúlio de escravos, c.f Gai. 1, 22 a 24; 2, 275; 3, 55 a 72; Ulp. 20, 14 e também 11, 16. Quanto ao direito de suceder, os *Latini Iuniani* têm *testamenti factio*, mas não *capacitas* (cf. Ulp. 22, 3). Carecem de *conubium*, Ulp. 5, 4. Justiniano revogou a *Lex Iunia* (Norbana), C. 7, 6, 1 (ano 531 d.C.); Inst. 1, 5, 3.

REGRAS DE ULPIANO   27

lutar com os gladiadores ou com as feras, ou ainda os atirados à arena ou às prisões, e que depois foram alforriados de qualquer modo; assim o determina a *Lei Élia Sência*.[11]

1.12. *Eadem lege cautum est, ut minor triginta annorum servus vindicta manumissus civis Romanus non fiat, nisi apud consilium causa probata fuerit; ideo sine consilio manumissum caesaris servum manere putat. Testamento vero manumissum perinde haberi iubet, atque si domini voluntate in libertate esset. Ideoque Latinus fit.*

1.12. Pela mesma lei foi estabelecido que o escravo menor de trinta anos, alforriado pela varinha, não se torna cidadão romano, a não ser provando-se a causa perante o conselho; por isso julga-se que fica escravo do imperador o alforriado sem tal rito; porém se determina que o alforriado por testamento se considera como estando em liberdade por vontade do senhor; e assim se torna latino.[12]

1.13. *Eadem lex eum dominum, qui minor viginti annorum est, prohibet servum manumittere, praeterquam si causam apud consilium probaverit.*

1.13. A mesma *Lei Élia Sência* proíbe a alforria feita por senhor menor de vinte anos, a não ser que lhe prove a causa perante o conselho.[13]

1.13-a. *In consilio autem adhibentur Romae quinque senatores et quinque equites Romani; in provincia viginti reciperatores Romani.*

1.13-a. Compõem o conselho, em Roma, cinco senadores e cinco cavaleiros romanos; nas províncias, vinte recuperadores cidadãos romanos.[13-a]

1.14. *Ab eo domino, qui solvendo non est, servus testamento liber esse iussus et heres institutus, etsi minor sit triginta annis, vel in ea causa sit, ut dediticius fieri debeat, civis Romanus et heres fit,*

1.11. Gai. 1, 13; D. 40, 5, 43 Paul.; Paul. Sent. 4, 12, 4. A *lex Aelia Sentia* é do ano 4 d.C.; suas normas, particularmente ilustradas por Gaio no livro I, são fundamentais em matéria de alforria.

1.12. Gai. 1, 18.

1.13. Gai. 1, 38 a 41.

1.13-a. Gai. 1, 20. 38.

28 REGRAS DE ULPIANO

diticius fieri debeat, civis Romanus et heres fit, si tamen alius ex eo testamento nemo heres sit.

Quod si duo pluresve liberi heredesque esse iussi sint, primo loco scriptus liber et heres fit: quod et ipsum lex Aelia Sentia facit.

1.14. O escravo alforriado por testamento e instituído herdeiro por um senhor insolvente, torna-se cidadão e herdeiro, ainda que menor de trinta anos ou na condição de vir a ser deditício, se, entretanto, por aquele testamento não houver nenhum outro herdeiro. Pois, se se dispôs que haja dois ou mais escravos livres e herdeiros, torna-se livre o que for em primeiro lugar apontado como livre e herdeiro; também isso é estabelecido pela *Lei Élia Sência*.[14]

> **1.15.** *Eadem lex in fraudem creditoris et patroni manumittere prohibet.*

1.15. A mesma lei proíbe as manumissões em fraude do credor ou do patrono.[15]

> **1.16.** *Qui tantum in bonis, non etiam ex iure Quiritium servum habet, manumittendo Latinum facit. In bonis tantum alicuius servus est velut hoc modo: si civis Romanus a cive Romano servum emerit, isque traditus ei sit, neque tamen mancipatus ei, neque in iure cessus, neque ab ipso anno possessus sit. Nam quamdiu horum quid fiat, is servus in bonis quidem emptoris est, ex iure Quiritium autem venditoris est.*

1.16. Quem tem apenas a propriedade bonitária do escravo, não sendo dono por direito quiritário, pela alforria torna-o livre. Tem apenas a propriedade bonitária do escravo, por exemplo, o cidadão romano que o comprou de outro cidadão, desde que lhe tenha sido entregue, mas não por mancipação nem por *in iure cessio*, ou não tenha sido possuído por

---

1.14. Gai. 1, 21; cf. Gai 2, 154 a 156; para outras alienações há as ações Pauliana, Fabiana e Calvisiana; cf. art. 158 do CC 2002.

1.15. Gai. 1, 37. 47; Inst. 1, 6 pr. Mesmo *in fraudem patroni*, pois este tem legítima expectativa na sucessão do liberto sem filhos, cf. Ulp. 29, 1; assim o art. 549 (CC 2002) declara nula a doação além da parte disponível (cf. art. 496, CC 2002).

REGRAS DE ULPIANO 29

ele durante um ano; pois aí o escravo é propriedade bonitária do comprador e propriedade quiritária do vendedor.[16]

*1.17. Mulier, quae in tutela est, item pupillus et pupilla
manumittere non possunt.*

1.17.A mulher sob tutela, assim como o pupilo e a pupila não
podem manumitir.[17]

*1.18. Communem servum unus ex dominis manumit-
tendo partem suam amittit, eaque adcrescit socio;
maxime si eo modo manumiserit, quo, si proprium
haberet, civem Romanum facturus esset. Nam si
inter amicos eum manumiserit, plerisque placet
eum nihil egisse.*

1.18. Se um dos co-proprietários alforriar o escravo comum, perde a sua parte, a qual se acrescenta à do consorte, máxime
se o manumitir de modo tal que, se fosse exclusivamente
seu, o teria tornado cidadão romano. Pois, no caso de manumissão entre amigos, muitos são pela nulidade do ato.[18]

1.16. Gai. 2, 41, pois o escravo é *res mancipi*. Sobre as relações entre as duas formas de
propriedade cf. Ulp. 3, 4; 19, 20; 22, 8. No direito moderno, a distinção romana entre
propriedade quiritária e bonitária se reproduz, sob vários aspectos, no conflito entre
dono e possuidor de boa fé, o qual goza, especialmente na jurisprudência brasileira, de
grande proteção.

1.17. Ulp. 11, 27. A mulher sob tutela e o pupilo não podem alienar coisas *mancipi* sem
auctoritas do tutor, Gai. 2, 80. 85; Ulp. 11, 27; e na alforria se dá uma mancipação fictícia que acarreta diminuição no patrimônio do manumissor. Aliás, a liberalidade não
seria permitida, mesmo em se tratando de relação obrigacional (coisas *nec mancipi*),
Gai. 3, 171; 2, 85.

1.18. Ulp. 22, 10. Vestígios da controvérsia entre os jurisconsultos clássicos encontram-se
no *Fragmentum Dosithei*, 10. A negação da liberdade prevaleceu em todo o período
áureo, Paul. Sent, 4, 12, 1. Justiniano, *favore libertatis*, assegurou ao alforriado a liberdade, estabelecendo uma indenização para o consorte expropriado, C. 7, 7, 1 (ano 530
d.C.), Inst. 2, 7, 4. A concepção moderna do condomínio, como propriedade de cada
consorte sobre uma quota ideal da coisa, exclui o direito de acrescer entre condôminos.
Continua porém o consorte a ser, sob vários aspectos, titular da coisa comum inteira
como se manifesta no direito de preferência que ele tem, arts. 504, 1.322, 1.323 e
2.019; na presunção do art. 1.324 também, em matéria de sucessão, na norma do
art. 1.791. O instituto do direito de acrescer, em matéria de sucessão hereditária, ba-
seia-se hoje no conceito de herança como coisa universal (art. 91) e na presumida vontade do testador art. 1.941 e segs.; tratando-se de sucessão a título particular, também a
indivisibilidade da coisa dá lugar ao direito de acrescer, art. 1.942; cf. art. 1.946 (todos
do CC 2002).

REGRAS DE ULPIANO

1.19. *Servus, in quo alterius est ususfructus, alterius proprietas, a proprietatis domino manumissus liber non fit, sed servus sine domino est.*

1.19. O escravo de que um tem o usufruto e outro a propriedade, alforriado pelo proprietário, não se torna livre, e sim escravo sem dono.[19]

1.20. *Post mortem heredis aut ante institutionem heredis testamento libertas dari non potest, excepto testamento militis.*

1.20. A liberdade não se pode dar por testamento depois da morte do herdeiro ou antes da nomeação do mesmo, a não ser no caso de testamento militar.[20]

1.21. *Inter medias heredum institutiones libertas data utrisque adeuntibus non valet; solo autem priore adeunte iure antiquo valet. Sed post legem Papiam Poppaeam, quae partem non adeuntis caducam facit, si quidem primus heres vel ius antiquum habeat, valere eam posse placuit, quod si non habeat, non valere constat, quod loco non adeuntis legatarii patres heredes fiunt. Sunt tamen, qui et hoc casu valere eam posse dicunt.*

1.21. Havendo, entre duas nomeações de herdeiros, uma manumissão de escravo, esta não vale se ambos os herdeiros adi-

---

1.19. Pela manumissão *vindicta* (V. F. 329: *mancipatio*) não se torna livre, pois o ato tem efeitos absolutos (*actus legitimi*, D. 50, 17, 77 Papin.; art. 1.808 do CC); na alforria por testamento, de acordo com as regras do *statuliber*, a nomeação do herdeiro com a liberdade *differtur in id tempus, quo extinguitur ususfructus*, D. 28, 5, 9, 20 Ulp.; *i.e.*, vale como condicionada. Com Justiniano o direito real do usufrutuário sobre o escravo se transforma num direito pessoal contra o alforriado, C. 7, 15, 1 (ano 530 d.C.). A hipótese hoje pode ser configurada no caso de criação de uma fundação, pois aí, como na manumissão, se constitui novo sujeito de direito; mas o art. 62 (CC) exige que os bens sejam "livres".

1.20. *Post mortem*, do herdeiro, Gai. 2, 232. 233; Ulp. 24, 26; pois seria um legado a cargo do herdeiro do herdeiro, *quod iuris civilis ratio non patitur*. Nas disposições fideicomissárias o caso é possível, Gai. 2, 277, e Justiniano o declara admissível sempre, C. 8, 37, 11 e C. 4, 11, 1. *Ante institutionem*, do herdeiro, Gai. 2, 230: *quia testamento vim ex institutione heredis accipiunt*; cf. Ulp. 24, 15 e 25, 8; mas cf. D. 28, 5, 9, 14 Ulp.; segundo Justiniano, é indiferente, Inst. 2, 20, 34. A capacidade para adquirir por testamento requer a sobrevivência do herdeiro ao testador, art. 1.799 (CC); a norma, embora não expressa (cf. porém arts. 1.939, V e art. 1.799), vigora também em matéria de sucessão legítima, pois o direito de representação não altera o princípio. Quanto ao *miles* cf. Ulp. 23, 10; 20,10.

REGRAS DE ULPIANO

rem a herança. Pelo direito antigo, tem valor se somente o primeiro nomeado fizer adição; mas depois da *Lei Pápia Popea*, que torna caduca a parte de quem não aceita, julgou-se que a alforria pudesse valer, desde que o primeiro herdeiro tivesse o direito da prole ou o direito antigo: é certo que não vale, se não os tiver, pois os com prole tornam-se herdeiros em lugar de quem não aceita. Há, entretanto, alguns que julgam válida a alforria também nesse caso.[21]

> ***1.22.*** *Qui testamento liber esse iussus est, mox quam unus ex heredibus adierit hereditatem, liber fit.*

1.22. Quem foi alforriado por testamento torna-se livre logo que um só dos herdeiros faça a adição da herança.[22]

> ***1.23.*** *Iusta libertas testamento potest dari his servis, qui testamenti faciendi et mortis tempore ex iure Quiritium testatoris fuerunt.*

1.23. A liberdade legal pode ser dada por testamento aos escravos que pertenceram ao testador por direito quiritário no momento da feitura do testamento e no da morte.[23]

> ***1.24.*** *Lex Fufia Caninia iubet testamento ex tribus servis non plures quam duos manumitti; et usque ad decem dimidiam partem manumittere concedit a decem usque ad triginta tertiam partem, ut tamen adhuc quinque manumittere liceat, aeque ut ex priori numero; a triginta usque ad centum quartam partem, aeque ut decem ex superiori numero liberari possint; a centum usque ad quingentos*

1.21. *Inter medias institutiones*, pelo mesmo princípio segundo o qual a força do testamento decorre da nomeação do herdeiro; cf. Paul. 3, 6, 2. Mas Justiniano Inst. 2, 20, 34, declara *incivile* seguir a ordem da redação, menosprezando a vontade do falecido, especialmente quanto à liberdade, *cuius usus favorabilior est*. A *lex Papia Poppaea* do ano 9 d.c. integrou outras leis relativas à caducidade como pena aos celibatários e aos sem prole, cf. Ulp. 16, 2; 18 ; 19, 17; 24, 31.

1.22. Cf. D. 40, 4, 25 Ulp. 4 regularum; D. h. t. 11, 2 Pomp.; D. h. t. 28,1 Marcian. A liberdade é indivisível e seu legado se aproxima do com efeitos reais (*per vindicationem*); mas faltam analogias com o legado de quitação (*legatum liberationis*, cf. art: 1.918, CC) que acarreta efeitos pessoais. Aliás, no direito de Justiniano, o legado se torna independente da aceitação do herdeiro, como no direito moderno, arts. 1.923 a 1.938, CC.

1.23. Gai. 2.267; é a doutrina de Sérvio, D. 40, 4, 35 Paul., vigorando também no legado *per vindicationem* de coisas não fungíveis Gai. 2, 196; Ulp. 24, 7.

REGRAS DE ULPIANO

*partem quintam, similiter ut ex antecedenti nume-
ro viginti quinque possint fieri liberi. Et denique
praecepit, ne plures omnino quam centum ex cu-
iusquam testamento liberi fiant.*

1.24. Pela *Lei Fúfia Canínia*, quem tem três escravos não pode alforriar por testamento mais de dois, sendo permitido ao que
tem até dez alforriar a metade; de dez até trinta, a terça parte,
de modo que se possa contudo alforriar o mínimo de cinco fi-
xado como limite no caso precedente; de trinta até cem, a
quarta parte, mas podendo ser o mínimo de dez; de cem a
quinhentos, a quinta parte, tirando-se do mesmo modo do caso precedente o mínimo de vinte cinco. E afinal a lei estabelece que por testamento não se libertem mais de cem.[24]

1.25. *Eadem lex cavet, ut libertates servis testamento
nominatim dentur.*

1.25. A mesma lei dispõe que, ao se dar a liberdade por testamento, se faça expressa menção do escravo.[25]

2. DE STATU LIBERO VEL STATU LIBERIS

2. DOS ALFORRIADOS SOB CONDIÇÃO

2.1. *Qui sub condicione testamento liber esse iussus
est, statu liber appellatur.*

2.1. Chama-se *statuliber* o alforriado por testamento sob condição.[1]

2.2. *Statu liber quamdiu pendet condicio, servus heredis est.*

1.24. Cf. Gai. 1. 43. A *lex Fufia Caninia*, do tempo de Augusto, introduziu restrições quanto
ao número de escravos alforriáveis por testamento, Gai. 1, 42 a 46; 2, 228. 239; foi abolida por Justiniano, Inst. 1, 7.

1.25. Gai. 2, 239. Sobre o alcance de *nominatim* cf. D. 40, 4, 24 Gai. Quanto ao sentido de
pessoa incerta, Gai. 2, 238, cf. Ulp. 22, 5; também o legado e o fideicomisso são nulos,
Ulp. 24, 18; 25, 13 ; art. 1.900, II do CC 2002.

2.1. Cf. 40, 7, 1 pr. Paul.: *Statuliber est, qui statutam et destinatam in tempus vel condicio-
nem Libertatem habet.* O exame das normas relativas ao *statuliber* é interessante, especialmente para a regulamentação dos atos jurídicos subordinados a condição.

REGRAS DE ULPIANO

2.2. Enquanto pende a condição, o *statuliber* é escravo do herdeiro.[2]

> **2.3.** *Statu liber seu alienetur ab herede, sive usu capiatur ab aliquo, libertatis condicionem secum trahit.*

2.3. Quer alienado pelo herdeiro, quer usucapido por alguém, o *statuliber* continua a ter a qualidade de *statuliber*.[3]

> **2.4.** *Sub hac condicione liber esse iussus: "si decem milia heredi dederit" etsi ab herede abalienatus sit, emptori dando pecuniam ad libertatem perveniet; idque lex Duodecim Tabularum iubet.*

2.4. Manumitido sob a condição "de dar dez mil ao herdeiro", embora tenha sido alienado por este, o *statuliber* obterá a liberdade, dando o dinheiro ao comprador; isso dispõe a *Lei das XII Tábuas*.[4]

> **2.5.** *Si per heredem factum sit, quo minus statu liber condicioni pareat, proinde fit liber, atque si condicio expleta fuisset.*

2.5. Se por causa do herdeiro o *statuliber* não cumprir a condição, torna-se livre, como se a mesma tivesse sido cumprida.[5]

> **2.6.** *Extraneo pecuniam dare iussus et liber esse, si paratus sit dare, et is, cui iussus est dare, aut nolit accipere, aut antequam acceperit, moriatur, proinde fit liber, ac si pecuniam dedisset.*

2.6. O *statuliber* alforriado com a condição de dar algum dinheiro a um estranho, se estiver disposto a fazê-lo e este não quiser receber ou falecer antes de receber, torna-se livre, como se tivesse dado o dinheiro.[6]

2.2. Gai. 2, 200. Tratando-se de legado com efeitos reais, sob condição, os Proculianos pensavam que, enquanto pendente a condição, fosse *res nullius*.

2.3. Cf. D. 40, 7, 2 pr. Ulp. 4 ad Sab. A regalia da liberdade tem efeitos reais, com direito de seqüela.

2.4. Cf. D. 40, 7, 25 Modestinus. O termo *abalienare* se emprega sempre em matéria de alienação de imóveis ou de *res mancipi*.

2.5. A regra do art. 129, CC 2002, quanto à ficção de averiguamento da condição, surgiu no direito romano exatamente em matéria de *statuliber*. No direito de Justiniano é apresentada como regra geral de *ius civile*. D. 35, 1, 24 e D. 50, 17, 161, textos interpolados.

2.6. Idem a nota anterior.

2.7. *Libertas et directo potest dari hoc modo "liber esto", "liber sit", "liberum esse iubeo", et per fideicommissum, ut puta "rogo, fidei committo heredis mei, ut stichum servum manumittat".*

2.7. A liberdade se pode dar diretamente assim: "sê livre, que seja livre, mando que seja livre"; e por fideicomisso, por exemplo: "rogo, confio em que meu herdeiro alforrie o escravo Stico".[7]

2.8. *Is, qui directo liber esse iussus est, orcinus fit libertus; is autem cui per fideicommissum data est libertas, non testatoris, sed manumissoris fit libertus.*

2.8. Quem for alforriado diretamente, torna-se liberto *orcinus*; aquele, entretanto, a quem for dada a liberdade por fideicomisso, torna-se liberto não do testador, mas do manumissor.[8]

2.9. *Cuius fidei committi potest ad rem aliquam praestandam, eiusdem etiam libertas fidei committi potest.*

2.9. Pode-se dar por fideicomisso a liberdade a um escravo encarregado por fideicomisso de fazer uma prestação.[9]

2.10. *Per fideicommissum libertas dari potest tam proprio servo testatoris, quam heredis aut legatarii, vel cuiuslibet extranei servo.*

2.10. Pode-se dar a liberdade por fideicomisso, quer ao próprio escravo, quer ao do herdeiro, do legatário ou de qualquer estranho.[10]

2.11. *Alieno servo per fideicommissum data libertate si dominus eum iusto pretio non vendat, extinguitur libertas, quoniam nec pretii computatio pro libertate fieri potest.*

2.7. Gai. 2, 267. 266; *orcinus*, porque o dono é *ad orcum*, no além. É importante saber quem é o patrono do liberto para estabelecer se é a quem cabem os direitos de patronato; diferente é também o destino do pecúlio, cf. C. 7, 23, 1 (ano 294). O dono bonitário não pode tornar liberto Orcino seu escravo, Ulp. 22, 8.

2.8. Idem a nota anterior.

2.9. *(Nihil)*.

2.10. Gai. 2, 264. 272.

REGRAS DE ULPIANO   35

2.11. Dando-se por fideicomisso a liberdade a um escravo alheio, se o senhor deste não o vender por um preço justo, a liberdade se extingue, nisto que não se pode avaliar o preço da liberdade.[11]

> **2.12.** *Libertas sicut dari, ita et adimi tam testamento quam codicillis testamento confirmatis potest; ut tamen eodem modo adimatur, quo et data est.*

2.12. Tanto por testamento, quanto por codicilo confirmado em testamento, se pode dar a liberdade, assim como tirá-la, devendo-se porém tirar do mesmo modo por que foi dada.[12]

3. *DE LATINIS*

3. *DOS LATINOS*

> **3.1.** *Latini ius Quiritium consequuntur his modis: beneficio principali, liberis, iteratione, militia, nave, aedificio, pistrino; praeterea et senatus consulto mulier, quae sit ter enixa.*

3.1. Os latinos obtêm a cidadania dos seguintes modos: por concessão do imperador, pelos filhos, pela iteração, pelo serviço militar, pelo navio, pelo edifício, pela padaria; além disso, em

---

2.11. Gai. 2, 265, cf. Gai. 2, 262. O termo *iustus* aqui não é usado no sentido técnico de "conforme ao direito", cf. o próprio Ulp. 1, 23; 5, l e 2; 11, 23; 19, 7; 20, 1 e também 3, 4; os autores modernos pensam que a palavra seja uma glosa pós-clássica; mas, no fundo, a referência ao preço justo pode não favorecer o escravo. Os juristas romanos, segundo a corrente filosófica de seus tempos, negam repetidas vezes a possibilidade de se avaliar a liberdade, cf. Paul. Sent. 5,1, 1; D. 50, 17, 106 Ulp.; mas essa impossibilidade de avaliação é encarada quanto ao patrimônio do senhor, não em função e em favor do indivíduo escravo; e o resultado desta concepção não favorece a liberdade. Nem Justiniano chegou nesse caso à expropriação, C. 7, 4, 6. O texto de Inst. 2, 24, 2 limita-se a afirmar que o fideicomisso não se extingue logo, mas se protela na eventualidade de posteriormente ser possível a redenção do escravo (lembre-se a famosa decisão de Justiniano em matéria de ocupação: *quia nulta accidere solent*, Int. 2, 1, 13). Por outro lado, e paralelamente, não se pode vedar a liberdade do escravo que não seja do testador ou do herdeiro, D. 40, 4, 9 Ulp..

2.12. Ulp. 24, 29; arts. 1.969 e 1.970 do CC.

36 REGRAS DE ULPIANO

virtude de um senatusconsulto, obtém a cidadania aquela que teve três partos, embora ilegítimos.[1]

3.2. *Beneficio principali Latinus civitatem Romanam accipit, si ab imperatore ius Quiritium impetraverit.*

3.2. O latino obtém a cidadania romana por concessão do imperador, se a impetrar deste.[2]

> **3.3.** *Liberis ius Quiritium consequitur Latinus, qui minor triginta annorum manumissionis tempore fuit: nam lege Iunia cautum est, ut, si civem Romanam vel Latinam uxorem duxerit, testatione interposita, quod liberorum quaerendorum causa uxorem duxerit, postea filio filiave nato natave et anniculo facto, possit apud praetorem vel praesidem provinciae causam probare et fieri civis Romanus, tam ipse quam filius filiave eius et uxor; scilicet si et ipsa Latina sit; nam si uxor civis Romana sit, partus quoque civis Romanus est ex senatus consulto, quod auctore divo Hadriano factum est.*

3.3. Pelos filhos consegue a cidadania o latino que tiver menos de trinta anos no momento da alforria. Pois a *Lei Junia* dispôs que, tendo-se casado com romana ou latina, provando que se casou para ter filhos, e tendo nascido depois um filho ou filha que atingiu a idade de um ano, o latino pode provar a causa perante o pretor ou o governador da província e tornar-se cidadão, obtendo igualmente a cidadania o filho ou filha e a mulher, naturalmente se for latina; pois, se for romana, o filho também é romano, por um senatusconsulto de iniciativa do divino Adriano.[3]

> **3.4.** *Iteratione fit civis Romanus, qui post Latinitatem, quam acceperat, maior triginta annorum iterum*

3.1. Gai. 1, 28 a 35. Com a difusão dos modos de alforria não formais, *i.e.*, com a progressiva importância do *ius honorarium*, os *Latini* em Roma se tornaram muito numerosos e foi necessário regular-se-lhes a condição. Trata deles Ulp. 1, 5. 10. 12. 16; 5, 4. 9; 7, 4; 11, 16. 19; 17, 1; 19, 4; 20, 8.14; 22, 3; 25, 7.

3.2. Gai. 3, 72.

3.3. Gai. 1, 29. 30. 79. 80. Provavelmente Ulp. refere as palavras da própria lei.

REGRAS DE ULPIANO

iuste manumissus est ab eo, cuius ex iure Quiritium servus fuit. Sed huic concessum est ex senatus consulto, etiam liberis ius Quiritium consequi.

3.4. Pela iteração torna-se cidadão quem, depois de recebido a qualidade de latino, foi legitimamente alforriado, tendo mais de trinta anos, por quem tenha sido seu dono por direito quiritário. Mas lhe foi concedido por um senatusconsulto obter a cidadania romana também pelos filhos.[4]

3.5. *Militia ius Quiritium accipit Latinus, si inter vigiles Romae sex annis militaverit, ex lege Visellia. Postea "praeterea" ex senatus consulto concessum est ei, ut, si triennio inter vigiles militaverit, ius Quiritium consequatur.*

3.5. Pelo serviço militar o latino obtém a cidadania, se servir durante seis anos entre os guardas de Roma; isto segundo a *Lei Visélia*. Aliás, por um senatusconsulto, lhe foi concedido obter a cidadania, se tiver servido um triênio como guarda.[5]

3.6. *Nave Latinus civitatem Romanam accipit, si non minorem quam decem milium modiorum navem fabricaverit, et Romam sex annis frumentum portaverit, ex edicto divi Claudii.*

3.6. Em virtude do edito de Cláudio, o latino obtém a cidadania se construir um navio com capacidade para dez mil módios e transportar trigo para Roma durante seis anos.[6]

3.4. Gai. 1, 35. Cf. Gnomon §§ 19 e 21; Frágm. Dosith. 6 e 14.
3.5. Gai. 1, 32 b. A *Lex Visellia* é talvez de 25 d.C..
3.6. Gai. 1, 32 c. Falta a ilustração do modo *aedificio* (Ulp. 3, 1) dada por Gai. 1, 33, como também do modo *pistrino* (Ulp. 3, 1), de Gai. 1, 34. Nos tempos de Ulpiano os padeiros gozam ainda de benefícios, cf. V. F. 233 a 235.

38 REGRAS DE ULPIANO

4. DE HIS QUI SUI IURIS SUNT

4. DOS QUE SÃO SUI IURIS (SUJEITOS DE DIREITO)

4.1. Sui iuris sunt familiarum suarum principes, id est pater familiae, itemque mater familiae.

4.1. São sui iuris os chefes de família, i.e., o pai e a mãe de família.[1]

4.2. Qui matre quidem certa, patre autem incerto nati sunt, spurii appellantur.

4.2. Chamam-se espúrios os nascidos de mãe certa, mas de pai incerto.[2]

5. DE HIS QUI IN POTESTATE SUNT

5. DOS QUE ESTÃO SOB O PODER DE OUTREM

5.1. In potestate sunt liberi parentum ex iusto matrimonio nati.

5.1. Estão sob pátrio poder os filhos nascidos de justas núpcias.[1]

5.2. Iustum matrimonium est, si inter eos, qui nuptias contrahunt, conubium sit, et tam masculus pubes quam femina potens sit, et utrique consentiant, si sui iuris sunt, aut etiam parentes eorum, si in potestate sunt.

4.1. Cf. D. 1, 6, 4 Ulp. 1 inst. Quanto à mater familias, o texto não é clássico.

4.2. Gai. 1, 64; Ulp. 5, 7. Os filhos espúrios não têm nenhum laço de parentesco com o pai; não constituem motivo de escusa da tutela, D. 27, 1, 2, 3 Modestinus, cf. art. 1.736 do CC 2002; não se contam como filhos para preferir ao fisco no concernente às leis caducárias, Ulp. 15. Mas o vínculo constitui impedimento ao casamento, quoniam in contrahendis nuptiis naturale ius et pudor inspiciendus est, D. 23, 2, 14, 2, cf. art. 1.521, I (CC); impede o chamamento a juízo, D. 2, 4, 6 Paul. No que diz respeito à mãe, há vínculo de cognação e, portanto, direitos sucessórios pretorianos, D. 38, 17, 2, 1 Ulp.; Paul. Sent. 4, 10, 1; Inst. 3, 4, 3 e 3, 5, 4 (os direitos sucessórios são reconhecidos mesmo entre irmãos espúrios); contam-se para o benefício do ius liberorum, Ulp. 3, 1; V. F. 194; não podem chamar a mãe a juízo D. 2, 4, 4, 3 Ulp..

5.1. Gai. 1, 55; D. 1, 6, 3 Gai.; Inst. 1, 9 pr.

REGRAS DE ULPIANO

5.2. Há justas núpcias se os que contraem casamento têm conúbio, atingiram a puberdade e desde que *sui iuris*, consentem; é necessário também o consentimento dos pais, se os contraentes estiverem sob seu poder.[2]

5.3. *Conubium est uxoris ducendis facultas.*

5.3. O conúbio é a faculdade de se casar segundo o direito.[3]

5.4. *Conubium habent cives Romani cum civibus Romanis; cum Latinis autem et peregrinis ita, si concessum sit.*

5.4. Há conúbio entre cidadãos romanos e romanas; estes o têm com latinos e peregrinos só por concessão especial.[4]

5.5. *Cum servis nullum est conubium.*

5.5. Não há conúbio com os escravos.[5]

5.6. *Inter parentes et liberos infinite cuiuscumque gradus conubium non est. Inter cognatos autem ex transverso gradu olim quidem usque ad quartum gradum matrimonia contrahi non poterant: nunc autem ex tertio gradu licet uxorem ducere; sed tantum fratris filiam, non etiam sororis filiam,*

5.2. Cf. Inst.. 2, 10 pr. A idoneidade física é considerada como um dos requisitos do matrimônio *iustum*. Dada a concepção romana do matrimônio, o vínculo se aperfeiçoa se a mulher completou a idade legal morando com o homem. D. 23, 2, 4, Pomp. No direito romano não há vestígios da norma do art. 1.551 (CC 2002); apenas se concede, no caso, o privilégio para obter a restituição dos bens que teriam ficado como dote se existisse o casamento, D. 42, 5, 17, 1 e 19 pr.

5.3. Gai. 1, 76. A capacidade não é uma qualidade absoluta, pois concerne também à outra pessoa; cf. Ulp. 22, 1: *testamenti factio*; Ulp. 19, 5: *commercium (invicem)*.

5.4. Gai. 1, 56. Foram freqüentes as concessões de *conubium* aos veteranos que queriam casar-se com mulheres do lugar onde tinham servido. Ademais, o casamento contraído entre cidadãos e estrangeiros tem efeitos jurídicos: cf. Ulp. 7, 4 (*causae probatio*) e, quanto aos filhos *iniusti*, Ulp. 4, 2. Em Gai. 1, 77 o filho chama-se *iustus* com relação ao direito estrangeiro.

5.5. Paul. 2, 19, 6; cf. Ulp. 5, 9; 12, 3. Como é sabido, a relação se chama *contubernium*. Entretanto, note-se que o escravo pode unir-se com uma escrava submetida a ele (*servus vicarius*), e neste caso ele terá poderes análogos aos do *paterfamilias* no casamento *cum manu*. Acontece também no direito moderno que relações de fato, ignoradas e mesmo proibidas pela lei, tendem a consolidar-se direta ou indiretamente; o valor das normas que favorecem ou contrariam tais relações é, como sempre, relativo à sociedade que as recebe.

REGRAS DE ULPIANO

> *aut amitam vel materteram, quamvis eodem gra-*
> *du sint. Eam, quae noverca vel privigna vel nurus*
> *vel socrus nostra fuit, ducere non possumus.*

5.6. Entre ascendentes e descendentes ao infinito não há conúbio. Entre colaterais até o quarto grau, outrora não se podia contrair casamento; hoje, porém, podem-se casar mesmo os de terceiro grau; mas somente a filha do irmão, não a filha da irmã, a irmã do pai ou da mãe, embora estejam no mesmo grau de parentesco. Não podemos nos casar com quem foi nossa madrasta, enteada, nora ou sogra.[6]

> **5.7.** *Si quis eam, quam non licet, uxorem duxerit, in-*
> *cestum matrimonium contrahit ideoque liberi in*
> *potestate eius non fiunt, sed quasi vulgo concepti*
> *spurii sunt.*

5.7. Se alguém desposar quem não pode, contrai matrimônio incestuoso; e assim os filhos não ficam sob seu poder, mas são espúrios, como se concebidos em coito vulgar.[7]

> **5.8.** *Conubio interveniente liberi semper patrem se-*
> *quuntur: non interveniente conubio matris condi-*
> *tioni accedunt, excepto eo, quod ex peregrino et*
> *cive Romana peregrinus nascitur, quoniam lex*
> *Minicia ex alterutro peregrino natum deterioris pa-*
> *rentis condicionem sequi iubet.*

5.8. Havendo conúbio, os filhos seguem a condição do pai; não havendo, a da mãe, exceto o peregrino nascido de peregrino e de romana, pois a *Lei Minícia* determina que, sendo peregrino um dos pais, o filho segue o de pior condição.[8]

5.6. Cf. D. 23, 2, 53 Gai. ad ed. prov.; Gai. 1, 59 a 62; Coll. 6, 2, 1 e 2 Ulp. lib. sing. regul. (D. 2, 4, 4, 2 Ulp. 5 ad ed.); Paul. 2, 19, 3; Gnomon § 23; cf. art. 1.521 do CC. Cláudio, querendo casar-se com Agripina, filha de seu irmão Germanico (Tacito, Ann. 12, 6), em 49 d.C. introduziu a exceção ao impedimento de se casarem os colaterais até o terceiro grau inclusive; mas Constâncio II (ano 342 d.C.) restabeleceu a proibição em todos os casos, C. Th. 3, 12, 1 (cf. prefácio pág. IV) e Justiniano a estendeu, vedando o matrimônio entre colaterais de quarto grau. Inst. 1, 10, 3. Uma espécie de matrimônio putativo entre colaterais de terceiro grau apresenta D. 23, 2, 57 a Marcians, que refere um privilégio imperial.

5.7. Gai. 1, 64; cf. Ulp. 4, 2.

5.8. Gai. 1, 78. A *lex Minicia* se situa nos meados do I século a.C..

REGRAS DE ULPIANO

5.9. *Ex cive Romano et Latina Latinus nascitur, et ex libero et ancilla servus; quoniam, cum his casibus conubia non sint, partus sequitur matrem.*

5.9. O filho de cidadão romano e latina é latino; o de homem livre e escrava é escravo; pois, nestes casos, não havendo conúbio, o parto segue a condição da mãe.[9]

5.10. *In his, qui iure contracto matrimonio nascuntur, conceptionis tempus spectatur: in his autem, qui non legitime concipiuntur, editionis veluti si ancilla conceperit, deinde manumissa pariat, liberum parit nam quoniam non legitime concepit, cum editionis tempore libera sit, partus quoque liber est.*

5.10. Em relação aos nascidos de casamento contraído segundo o direito, considera-se o momento da concepção; em relação aos não legitimamente concebidos, o do nascimento. Por exemplo, se uma escrava concebeu e depois de alforriada der à luz, seu parto será livre; pois, desde que não concebeu legitimamente, sendo livre no momento de dar à luz, seu parto também será livre.[10]

6. *DE DOTIBUS*

6. DOS DOTES

6.1. *Dos aut datur, aut dicitur, aut promittitur.*

6.1. O dote ou se dá ou se constitui solenemente ou se promete.[1]

6.2. *Dotem dicere potest mulier, quae nuptura est, et debitor mulieris, si iussu eius dicat; item parens mulieris virilis sexus per virilem sexum cognatione*

5.9. Gai. 1, 67, 89; cf. Ulp. 5, 5 e 12, 3. cf. D. 1, 5, 24 Ulp. 24 ad Sab.: *Lex naturae haec est, ut qui nascitur sine legitimo matrimonio matrem sequitur, nisi lex specialis inducit.*

5.10. Gai. 1, 89 a 92. A regra de que o filho segue a condição da mãe (princípio do matriarcado) é considerada de *ius gentium*, (*naturali ratione*) Gai. 1, 82. 83. 89. O exemplo dado pelo texto de Ulp. é conforme ao *favor libertatis*.

6.1. Ulp. 11, 20. Nas *Institutas* de Gaio não há nenhuma ilustração do dote; cf. porém 1, 178. 180; 2, 63; 3, 95 a 125; 4. 44. 62. 151.

iunctus, velut pater, avus paternus. Dare, promittere dotem omnes possunt.

6.2. Podem constituir de modo solene o dote a mulher que se vai casar e o devedor da mulher por outorga dela; assim também o ascendente varão, que é seu parente pela linha masculina, por exemplo, o pai, o avô paterno. Qualquer pessoa pode dar ou prometer o dote.[2]

> **6.3.** *Dos aut "profecticia" dicitur, id est quam pater mulieris dedit; aut "adventicia", id est ea, quae a quovis alio data est.*

6.3. O dote chama-se profectício, quando dado pelo pai da mulher; adventício, quando dado por outrem.[3]

> **6.4.** *Mortua in matrimonio muliere dos a patre profecta ad patrem revertitur, quintis in singulos liberos in infinitum relictis penes virum. Quod si pater non sit, apud maritum remanet.*

6.4. Falecendo a mulher na constância do casamento, o dote dado por seu pai retorna a este, deixando-se ao marido um quinto para cada filho. Não vivendo o pai, o dote fica com o marido.[4]

> **6.5.** *Adventicia autem dos semper penes maritum remanet, praeterquam si is, qui dedit, ut sibi redderetur, stipulatus fuit; quae dos specialiter "recepticia" dicitur.*

6.2. Gai. 3, 95 a, que tratava da *dictio dotis* como obrigação verbal, é ilegível; Gai. Ep. 2, 9, 3 e V. F. 99 nos dão notícia desta obrigação por declaração unilateral de vontade, cuja última referência se encontra no ano 396 d.C., C. Th. 3, 12, 3. Na codificação de Justiniano a *dictio* é substituída pela *promissio dotis* (estipulação).

6.3. D. 23, 3, 5 pr. Ulp. Também é adventício se constituído pela mulher *sui iuris*.

6.4. Quando a dissolução do matrimônio se dá por morte da mulher, o marido retém um quinto do dote por filho, e o restante é restituído ao *pater* da mulher *ne et filiae amissai et pecuniae damnum sentiret* (D. 23, 3, 6 pr.); quando a dissolução se dá por divórcio ou morte do marido, o dote é restituído à mulher, que tem o *iudicium rei uxoriae*, sendo *sui iuris*, ou não o sendo, seu *pater* propõe a ação com o consentimento da filha (Ulp. 6, 6); havendo divórcio por culpa da mulher, o marido retém um sexto por filho, mas nunca mais da metade (Ulp. 6, 10).

REGRAS DE ULPIANO   43

6.5. O dote adventício fica sempre com o marido, a não ser que quem o deu tenha estipulado a restituição; este dote chamase propriamente receptício.[5]

> **6.6.** *Divortio facto, si quidem sui iuris sit mulier, ipsa habet actionem, id est dotis repetitionem; quodsi in potestate patris sit, pater adiuncta filiae persona habet actionem rei uxoriae; nec interest, adventicia sit dos, an profecticia.*

6.6. Sobrevindo o divórcio, se a mulher for *sui iuris*, ela terá a ação *rei uxoriae, i.e.*, a repetição do dote. Se estiver sob poder do pai, este terá tal ação junto com a filha, não importando que o dote seja adventício ou profectício.[6]

> **6.7.** *Post divortium defuncta muliere, heredi eius actio non aliter datur, quam si moram in dote mulieri reddenda maritus fecerit.*

6.7. Depois do divórcio e morta a mulher, seu herdeiro terá ação somente se o marido incorrer em mora na restituição do dote à mulher.[7]

> **6.8.** *Dos si pondere, numero, mensura contineatur, annua, bima, trima die redditur; nisi si ut praesens reddatur, convenerit. Reliquae dotes statim redduntur.*

6.8. Se o dote consistir em coisas que se pesam, que se contam ou que se medem, restitui-se em três prestações anuais, a não ser que tenha havido ajuste para imediata restituição. Nos outros casos o dote restitui-se imediatamente.[8]

> **6.9.** *Retentiones ex dote fiunt aut propter liberos, aut propter mores, aut propter inpensas, aut propter res donatas, aut propter res amotas.*

6.5. *(Nihil)*.

6.6. O *paterfamilias* pode pedir a restituição com o concurso da vontade da filha, V. F. 116 Paul.; V. F. 119 Ulp., D. 23, 3, 3 Paul.

6.7. Pois a mora perpetua a obrigação, V. F. 112 Paul.

6.8. Cf. Políbio 32, 13, 5. No Código Civil de 1916 o art. 301 dava um prazo maior para a restituição das coisas fungíveis, visto que o marido, sendo proprietário delas, não tinha o dever de possuí-las em espécie; o CC de 2002, não faz menção ao fato.

44 REGRAS DE ULPIANO

6.9. Há retenções do dote em razão de filhos, ou de costumes, ou de benfeitorias, ou de doações, ou de subtrações.[9]

> **6.10.** *Propter liberos retentio fit, si culpa mulieris aut patris, cuius in potestate est, divortium factum sit; tunc enim singulorum liberorum nomine sextae retinentur ex dote; non plures tamen quam tres. Sextae in retentione sunt non in petitione.*

6.10. Em razão de filhos dá-se a retenção, se houver divórcio por culpa da mulher ou do pai, sob cujo poder ela se encontra; pois então em nome de cada filho se retêm um sexto do dote, porém não mais de três sextos. Essas partes do dote podem-se reter, mas não exigir.[10]

> **6.11.** *Dos quae semel functa est, amplius fungi non potest, nisi aliud matrimonium sit.*

6.11. O dote que já preencheu sua função, não pode preencher outra, a não ser que haja outro casamento.[11]

> **6.12.** *Morum nomine graviorum quidem sexta retinetur, leviorum autem octava. Graviores mores sunt adulterium tantum; leviores omnes reliqui.*

6.12. Em razão de maus costumes, retém-se a sexta parte do dote, e a oitava, sendo as faltas leves. Constitui maus costumes apenas o adultério; são faltas leves todas as outras.[12]

> **6.13.** *Mariti mores puniuntur in ea quidem dote, quae annua die reddi debet, ita ut propter maiores mo-*

6.9. A retenção *propter res donatas* visa tornar sem efeito a doação feita pelo marido, cf. Ulp. 7, 1; a retenção *propter res amotas* preenche a função da *actio rerum amotarum* (cf. Ulp. 7, 2), sucedâneo da ação de furto. Todas as *retentiones* foram suprimidas por Justiniano, que regulamentou o dote, concedendo a restituição também aos herdeiros da mulher e assegurando a esta maiores garantias C. 5, 13, 1 (ano 530); C. 5, 12, 30 e 31 (ano 530) (*legislator uxorius!*).

6.10. Cf. Ulp. 6, 4.

6.11. No direito clássico, parece que a constituição tácita do dote era permitida apenas quando a mulher divorciada voltava àquele que fora seu marido e não lhe restituíra o dote, D. 23, 3, 64 Iavol. D. 24, 3, 19 Ulp.; assim seria interpolado D. 23, 3, 30 Paul., que a admite no segundo casamento em todos os casos, como também, no texto de Ulp., seria uma glosa pós-clássica a locução final *nisi aliud matrimoniu sit*.

6.12. Pelos maus costumes da mulher, o marido tem igualmente o *iudicium de moribus*, de antiga origem.

REGRAS DE ULPIANO

res praesentem dotem reddat, propter minores senum mensum die. In ea autem, quae praesens reddi solet, tantum ex fructibus iubetur reddere, quantum in illa dote, quae triennio redditur, repraesentatio facit.

6.13. O mau comportamento do marido pune-se, no caso de dote que se deve restituir a prazo, do seguinte modo: com restituição imediata, na hipótese de maus costumes, e com restituição dentro de seis meses, havendo faltas leves. Do dote que se costuma devolver imediatamente devem restituir-se os frutos equivalentes aos do dote que se deveria restituir em três anos e cujo pagamento se antecipou.[13]

6.14. Inpensarum species sunt tres: aut enim necessariae dicuntur, aut utiles, aut voluptuosae.

6.14. Três são as espécies de benfeitorias: necessárias, úteis e voluptuárias.[14]

6.15. Necessariae sunt inpensae, quibus non factis dos deterior futura est, veluti si quis ruinosas aedes refecerit.

6.15. Chamam-se necessárias as benfeitorias que, não sendo feitas, acarretam a deterioração do dote, por exemplo o conserto de uma casa que ameaça ruir.[15]

6.16. Utiles sunt, quibus non factis quidem deterior dos non fuerit, factis autem fructuosior effecta est, veluti si vineta et oliveta fecerit.

6.16. Úteis as que não sendo feitas não acarretam deterioração, mas se se fizerem, aumentam o rendimento do dote, por exemplo a plantação de videiras ou oliveiras.[16]

6.13. Desde Cujácio o texto dá lugar a dúvidas, e muitas são as interpretações dos autores; *repraesentatio* significaria pagamento à vista.

6.14. D. 50, 16, 79 Paul; art. 96 do CC 2002. As benfeitorias necessárias diminuem o dote *ipso iure*; das úteis o marido tem a retenção, desde que feitas *voluntate mulieris*; as voluptuárias não dão direito à retenção, cf. art. 1.219 do CC 2002.

6.15. *(Nihil).*

6.16. *(Nihil).*

46 REGRAS DE ULPIANO

6.17. *Voluptuosae sunt, quibus neque omissis deterior dos fieret, neque factis fructuosior effecta est: quod evenit in viridiariis et picturis similibusque rebus.*

6.17. Voluptuárias são as que, omitidas, não acarretam nem deterioração nem aumento de rendimento, o que se dá com canteiros, pinturas e coisas semelhantes.[17]

7. *DE IURE DONATIONUM INTER VIRUM ET UXOREM*

7. DAS DOAÇÕES ENTRE CÔNJUGES

7.1. *Inter virum et uxorem donatio non valet, nisi certis ex causis, id est mortis causa, servi manumittendi gratia. Hoc amplius principalibus constitutionibus concessum est mulieri in hoc donare viro suo, ut is ab imperatore lato clavo vel equo publico similive honore honoretur.*

7.1. A doação entre cônjuges não vale, exceto por determinadas causas, *i.e.*, morte, divórcio, alforria de escravo. Ademais, por força de constituições imperiais, foi permitido à mulher fazer doação a seu marido para que este pudesse receber as honras de senador ou de cavaleiro ou semelhantes honrarias por parte do imperador.[1]

6.17. *(Nihil)*.

7.1. Cf. D. 24, 1, 26, 1 Paul. A proibição das doações entre cônjuges (cf. Ulp. 1, 4) visa impedir o enriquecimento e respectivamente o empobrecimento de um deles durante o matrimônio, de forma que para a validade do ato se considera o momento em que a doação deverá ser executada, não o em que a doação foi feita; os casos de doações *mortis causa, divortii causa, exilii causa* prevêem exatamente a dissolução do casamento, *i.e.*, um momento em que é possível doar; a doação *manumissionis gratia* é permitida *favore libertatis* ou porque não há enriquecimento de ninguém, Paul. 2, 23, 3; C. 5, 15, 22 (ano 294). Sobre a *donatio honoris causa* D. 24, 1, 42 Gai. e D. 24, 1, 41 Licin. Ruf. (concessão imperial) e D. 24, 1, 40 Ulp., C. 5, 16, 21 (ano 294). No Código Civil de 1916, art. 226, as doações entre cônjuges eram proibidas em conexão com o regime de separação de bens, que no direito romano era o normal; no regime de comunhão não se podia falar em doações entre cônjuges. No CC de 2002 o regime de bens entre os cônjuges é regido pelos arts. 1.639 a 1.652.

REGRAS DE ULPIANO

7.2. *Si maritus divortii causa res amoverit, rerum quoque amotarum actione tenebitur.*

7.2. Se o marido subtrair as coisas por divórcio, responderá também pela ação *rerum amotarum.*[2]

7.3. *Si maritus pro muliere se obligaverit vel in rem eius inpenderit, divortio facto eo nomine cavere sibi solet stipulatione tribunicia.*

7.3. O marido, se assumir uma obrigação da mulher ou fizer benfeitorias nas coisas dela, havendo o divórcio, costuma acautelar-se com a estipulação tribunícia.[3]

7.4. *In potestate parentum sunt etiam hi liberi, quorum causa probata est, per errorem contracto matrimonio inter disparis condicionis personas: nam seu civis Romanus Latinam aut peregrinam vel eam, quae dediticiorum numero est, quasi per ignorantiam uxorem duxerit, sive civis Romana per errorem peregrino vel ei, qui dediticiorum numero est, aut etiam quasi Latino ex lege Aelia Sentia nupta fuerit, causa probata, civitas Romana datur tam liberis quam parentibus, praeter eos, qui dediticiorum numero sunt; et ex eo fiunt in potestate parentum liberi.*

7.4. Estão sob o pátrio poder também os filhos, cuja causa se provou, havendo sido contraído matrimônio por erro entre pessoas de condição diferente; pois, quer quando um cidadão romano se casou com latina ou peregrina ou com mulher considerada deditícia, julgando-a por erro romana, quer quando uma romana se casou por erro com um peregrino ou com homem considerado deditício, julgando-o cidadão romano ou latino pela *Lei Élia Sência,* provada a

---

7.2. A *actio rerum amotarum,* substitutivo da *actio furti* que acarretava a infâmia, podia propor-se, com função análoga à da *condicio furtiva,* depois da dissolução do casamento, contra a mulher que tivesse subtraído coisas do marido, D. 25, 2, 1 e segs.. Foi concedida também (*quoque*) contra o marido, paralelamente à mudança do sujeito proprietário do dote, D. 25, 2, 6, 2 Paul.

7.3. Não havendo nenhum vestígio da intervenção dos tribunos da plebe em matéria dotal, suspeita-se que *tribunicia* esconda o nome do jurisconsulto autor da estipulação.

48 REGRAS DE ULPIANO

causa, dá-se a cidadania romana tanto aos filhos quanto à mãe ou ao pai, a não ser que estes últimos sejam deditícios; e por isso os filhos ficam sob pátrio poder.[4]

8. DE ADOPTIONIBUS
8. DAS ADOÇÕES

8.1. *Non tantum naturales liberi in potestate parentum sunt, sed etiam adoptivi.*

8.1. Estão sob pátrio poder não apenas os filhos naturais, como também os adotivos.[1]

8.2. *Adoptio fit aut per populum aut per praetorem vel praesidem provinciae. Illa adoptio, quae per populum fit, specialiter arrogatio dicitur.*

8.2. Faz-se a adoção por intermédio do povo, do pretor ou do governador da província. A adoção feita por intermédio do povo recebe a denominação especial de adrogação.[2]

8.3. *Per populum qui sui iuris sunt arrogantur; per praetorem autem filii familiae a parentibus dantur in adoptionem.*

8.3. Por intermédio do povo tem lugar a adoção daqueles que são *sui iuris*; por intermédio do pretor são dados em adoção, pelos seus ascendentes, os filhos de famílias.[3]

7.4. Gai. 1, 65 a 75 .87. 15. 26; 2, 142. 143; 3, 5; Coll. 16, 2, 5. Trata-se de ratificação do casamento, cf. art. 216 do CC de 1916; ou reconcialiação, art. 1.577, do CC de 2002.

8.1. Gai. 1, 97; Inst. 1, 11 pr. *Naturales* são os filhos pelo próprio sangue, em contraposição aos adotivos, Ulp. 28, 3; cf. a terminologia era dos arts. 332 e 378 do CC de 1916. O valor da *Patria Potestas* do pai adotivo, que originariamente excluía para todos os efeitos a do pai natural, em face da progressiva importância dos vínculos de sangue no conceito da família romana, vai diminuindo; Justiniano, no caso de adoção feita por quem não é ascendente natural (*adoptio minus plena*), nega a *patria potestas*, C. 8, 47, 10 (ano 530); Inst. 1, 11, 2. No direito moderno o pátrio poder é bem diferente da *patria potestas* romana e seu limitado conceito permite a norma do art. 1.635, IV, do CC de 2002. Aliás, em geral, os efeitos da adoção hoje em dia se aproximam dos da *adoptio minus plena* de Justiniano.

8.2. Gai. 1, 98. 99. Apenas na praxe das províncias helênicas a adoção se realiza perante o tabelião. No Direito brasileiro, é regida pelos arts. 1.618 a 1.629 do CC de 2002.

8.3. Gai. 1, 99.

REGRAS DE ULPIANO

8.4. *Arrogatio Romae dumtaxat fit, adoptio autem etiam in provincia apud praesides.*

8.4. A adrogação só tem lugar em Roma; a adoção, entretanto, também nas províncias, perante seus governadores.[4]

8.5. *Per praetorem vel praesidem provinciae adoptari tam masculi quam feminae, et tam puberes quam inpuberes possunt. Per populum vero Romanum feminae quidem non arrogantur; pupilli autem quidem non poterant arrogari, nunc autem possunt ex constitutione divi Antonini Pii.*

8.5. Por intermédio do pretor ou do governador da província podem ser adotados tanto os varões quanto as mulheres, tanto os púberes quanto os impúberes. Entretanto, por intermédio do povo romano, não pode efetuar-se a adrogação de uma mulher. Anteriormente, também os pupilos não podiam ser adrogados; mas hoje podem, por força de uma constituição do divino Antonino Pio.[5]

8.6. *Hi qui generare non possunt, velut spado, utroque modo possunt adoptare; idem iuris est in persona caelibis.*

8.6. Os que não podem gerar, como o impotente, tanto podem adotar como adrogar; o mesmo se dando com relação aos solteiros.[6]

8.7. *Item is, qui filium non habet, in locum nepotis adoptare potest.*

8.7. Quem não tem filho, pode adotar alguém como neto.[7]

8.4. Gai. 1, 100.

8.5. Gai. 1, 101. 102. O imperador visou proteger o impúbere com várias providências: *iusta causa*, garantia de eventual restituição do patrimônio, *quarta divi Pii* para o adotado. Quanto às mulheres, cf. contra D. 1, 7, 20 e 21; D. 28, 3, 8 pr; D. 38, 17, 7; interpolados? cf. C. 5, 27, 6, 1 (ano 517); C. 8, 47, 8 (ano 294).

8.6. Gai. 1, 103; Inst. 1, 11, 9, que, porém, proíbe aos *castrati* fazer adoção, pois *adoptio naturam imitatur*, Inst. 1, 11, 4; Ep. Gai. 1, 5 pr. Vestígio da máxima é a norma do art. 1.619 do CC de 2002, quanto à diferença de idade entre adotante e adotado.

8.7. Cf. D. 1, 7, 37 Paul.; Inst. 1, 11, 5. A adoção em lugar de irmão, usada no Oriente, é proibida, C. 6, 24, 7 (ano 285).

REGRAS DE ULPIANO

8.8. *Si pater familiae arrogandum se dederit, liberi quoque eius quasi nepotes in potestate fiunt arrogatoris.*

8.8. Se o *paterfamilias* se der em adrogação, seus filhos também ficam sob poder do adrogante, como se fossem seus netos.[8]

8.8-a. *Feminae vero neutro modo possunt adoptare, quoniam nec naturales liberos in potestate habent.*

8.8-a. As mulheres de nenhum modo podem adotar; pois nem seus filhos estão sob seu poder.[8-a]

9. DE HIS QUI IN MANU SUNT

9. DAS QUE ESTÃO IN MANU (NO PODER DE ALGUÉM)

9.1. *Farreo convenitur in manum certis verbis et testibus X praesentibus et sollemni sacrificio facto, in quo panis quoque farreus adhibetur.*

9.1. A *conventio in manum* pela *confarreatio* se faz proferindo determinadas palavras, na presença de dez testemunhas, praticando um solene sacrifício no qual se usa também um bolo de farinha.[1]

10. QUI IN POTESTATE MANCIPIOVE SUNT QUEMADMODUM EO IURE LIBERENTUR

10. DE QUE MODO SE LIBERTAM OS QUE ESTÃO SOB PÁTRIO PODER OU MANCÍPIO

10.1. *Liberi parentum potestate liberantur emancipatione, id est si, posteaquam mancipati fuerint, manumissi sint. Sed filius quidem ter mancipatus, ter*

8.8. Gai. 1, 107; cf. Inst. 1, 11, 11. Na adoção hodierna o parentesco civil limita-se ao adotante e ao adotado, art. 1.626 do CC 2002.

8.8-a. Gai. 1, 104; cf. Inst. 1, 11, 10 que o admite excepcionalmente *ad solacium liberorum amissorum*, C. 8, 47, 5 (ano 291).

9.1. Cf. Boethius, ad Cic. top. 3, 14 (Ulp. inst.). Tacito, Ann 4, 16 quanto à raridade de núpcias confarreadas já nos tempos de Tibério.

REGRAS DE ULPIANO   51

manumissus sui iuris fit; id enim lex Duodecim Ta-
bularum iubet his verbis:" si pater filium ter venum
dabit, filius a patre liber esto". Ceteri autem liberi
praeter filium, tam masculi quam feminae, una
mancipatione manumissioneque sui iuris fiunt.

10.1. Os filhos saem do pátrio poder pela emancipação, *i.e.*, se depois de mancipados, foram manumitidos. Mas o filho se torna *sui iuris*, desde que tenha sido mancipado e manumitido três vezes, pois assim dispõe a *Lei das XII Tábuas* com as palavras seguintes: "Se o pai vender três vezes o filho, este sairá de seu poder". As outras pessoas que não o filho, tanto homens quanto mulheres, se tornam *sui iuris* apenas com uma mancipação e manumissão.[1]

> **10.2.** *Morte patris filius et filia sui iuris fiunt: morte autem avi nepotes ita demum sui iuris fiunt, si post mortem avi in potestate patris futuri non sunt, velut si moriente avo pater eorum aut etiam decessit aut de potestate dimissus est: nam si mortis avi tempore pater eorum in potestate eius sit, mortuo avo in patris sui potestate fiunt.*

10.2. O filho e a filha tornam-se *sui iuris* pela morte do pai; os netos, pela morte do avô, somente quando, depois desta, não estiverem sujeitos ao poder do pai; por exemplo, se, quando o avô morreu, o pai deles tinha falecido ou saído de seu poder; pois, se na época da morte do avô o pai estiver sob seu poder, falecendo aquele, os seus netos cairão sob o pátrio poder do próprio pai.[2]

> **10.3.** *Si patri vel filio aqua et igni interdictum sit, patria potestas tollitur, quia peregrinus fit is, cui aqua et igni interdictum est neque autem peregrinus ci-*

10.1. Gai. 1, 132. 134; formas abolidas definitivamente por Justiniano, C. 8, 48, 6 (ano 531); Inst. 1, 12, 6. A interpretação restritiva da palavra *filius*, contida na *Lei das XII Tábuas*, corresponde, por um lado, à concepção patriarcal da família romana, que dá foros de maior rigor às normas relativas aos filhos varões (cf., por exemplo, o consentimento do *pater* para o filho casar; deserdação Ulp. 22, 1, 4), por outro lado, à necessidade de simplificar o complicado sistema das três mancipações, duas remancipações e uma manumissão.

10.2. Gai. 1, 127; Inst. 1, 12 pr.

vem Romanum, neque civis Romanus peregrinum in potestate habere potest.

10.3. Se o pai ou o filho sofrerem a interdição da água e fogo, extinguir-se-á o pátrio poder; pois o interdito se torna peregrino, e ao peregrino não compete pátrio poder sobre cidadão romano, como também ao cidadão não compete pátrio poder sobre peregrino.[3]

10.4. *Si pater ab hostibus captus sit, quamvis servus hostium fiat, tamen cum reversus fuerit, omnia pristina iura recipit iure postliminii. Sed quamdiu apud hostes est, patria potestas in filio eius interim pendebit et cum reversus fuerit ab hostibus, in potestate filium habebit; si vero ibi decesserit, sui iuris filius erit. Filius quoque si captus fuerit ab hostibus, similiter propter ius postliminii patria potestas interim pendebit.*

10.4. Se o pai for capturado pelos inimigos, embora se torne escravo destes, ao regressar readquire todos os antigos direitos pelo postlimínio. Enquanto estiver sob os inimigos, ficará suspenso seu pátrio poder sobre o filho; contudo, ao voltar, terá este sob seu poder. Se, porém, o pai falecer no cativeiro, o filho tornar-se-á *sui iuris*. Do mesmo modo, pelo postlimínio, o pátrio poder se suspenderá também no caso de o filho ser capturado pelos inimigos.[4]

10.5. *In potestate parentum esse desinunt et hi, qui flamines diales inaugurantur, et quae virgines vestae capiuntur.*

10.5. Saem também do pátrio poder os que são consagrados flâmines diales e as que se tornam vestais.[5]

10.3. Gai. 1, 128. A razão à qual faz referência Gaio é a *civilis ratio*, visto que a *patria potestas* é instituto peculiar dos *cives*, Gai. 1, 55.

10.4. Gai. 1, 129 propõe, mas não resolve, o problema seguinte: o filho de quem morre cativo deve considerar-se *sui iuris* desde a captura do pai ou desde a sua morte no cativeiro? Por Inst. 1, 12, 5 é desde a captura, cf. Gai. Epit. 1, 6, 3 e as opiniões concordes desde Juliano, D. 49, 15, 22, 2; D. h. t. 10 e 11; D. h. t. 12 e 18. Sobre o ausência e tutela vide arts. 22 a 39 e 1.728 a 1.766, respectivamente, do CC 2002.

10.5. Gai 1, 130. Vide art. 5º, parágrafo único, II do CC 2002.

REGRAS DE ULPIANO

11. *DE TUTELIS*
11. DAS TUTELAS

11.1. *Tutores constituuntur tam masculis quam feminis: sed masculis quidem inpuberibus dumtaxat propter aetatis infirmitatem; feminis autem inpuberibus quam puberibus et propter sexus infirmitatem et propter forensium rerum ignorantiam.*

11.1. São postos em tutela tanto os homens quanto as mulheres; os homens impúberes apenas pela fraqueza de sua idade; as mulheres, quer impúberes quer púberes, seja pela fraqueza de seu sexo, seja por não terem conhecimento das coisas forenses.[1]

11.2. *Tutores aut legitimi sunt, aut senatus consultis constituti, aut moribus introducti.*

11.2. Os tutores ou são legítimos ou instituídos por força de senatusconsultos ou introduzidos pelos costumes.[2]

11.3. *Legitimi tutores sunt, qui ex lege aliqua descendunt; per eminentiam autem legitimi dicuntur qui ex lege Duodecim Tabularum introducuntur seu perpalam "palam", quales sunt agnati, seu per consequentiam, quales sunt patroni.*

11.3. São tutores legítimos os instituidos por uma lei: dizem-se, por antonomásia, legítimos os introduzidos pela *Lei das XII Tábuas*, quer expressamente, como os agnatos, quer por interpretação extensiva, como os patronos.[3]

11.4. *Agnati sunt a patre cognati virilis sexus, per virilem sexum descendentes, eiusdem familiae, veluti patrui, fratres, filii fratris patruelis.*

11.1. Gai. 1, 144. 190 manifesta escrúpulos quanto à tutela das mulheres; as últimas referências ao instituto se encontram em constituições de Diocleciano (ano 284), V. F. 325 a 337; mas a decadência já se manifesta no período clássico.

11.2. Gai. 1, 188 menciona as dúvidas dos jurisconsultos republicanos quanto à classificação dos vários tipos de tutela. *Moribus*: Ulp. Proem. 3; 11, 24.

11.3. Cf. D. 26, 4, 3 por Ulp. 38 ad Sab.; Gai. 1, 155. A tutela dos patronos deriva da *interpretatio* da lei decenviral, Gai. 1, 165, Inst. l, 17: *ubi successionis emolumentum, ibi et tutelae onus esse debet*; *i.e.*, onde existe a vantagem da sucessão, deve também existir o ônus da tutela. Há uma exceção em Ulp. 11, 19. A delação da tutela legítima, art. 1.731, não difere, no fundo, da vocação hereditária legítima, art. 1.829; apenas nesta última não se faz distinção de linhas, art. 1.836, § 1º, do CC 2002.

11.4. Agnatos são os varões parentes pela linha paterna por meio de varões, como os tios, irmãos do pai; os irmãos; os filhos do irmão; os primos, filhos de dois irmãos.[4]

> ***11.5.*** *Qui liberum caput, mancipatum sibi vel a parente vel a coemptionatore, manumisit, per similitudinem patroni tutor efficitur, qui "fiduciarius tutor" appellatur.*

11.5. Aquele que manumitiu uma pessoa livre que lhe foi dada em mancípio, pelo ascendente ou por que fez *coemptio* da mesma, por analogia com o que se dá com o patrono, torna-se tutor dela, chamando-se tutor fiduciário.[5]

> ***11.6.*** *Legitimi tutores alii tutelam in iure cedere possunt.*

11.6. Os tutores legítimos podem ceder *in iure* a tutela a outrem.[6]

> ***11.7.*** *Is, cui tutela in iure concessa est, "cessicius tutor" appellatur; qui sive mortuus fuerit, sive capite minutus, sive alii tutelam porro cesserit, redit ad legitimum tutorem tutela. Sed et si legitimus decesserit aut capite minutus fuerit, cessicia quoque tutela extinguitur.*

11.7. Quem recebeu a cessão *in iure* da tutela, chama-se tutor cessionário. Por morte ou *capitis deminutio* do tutor ou por cessão *in iure*, a tutela é novamente deferida ao tutor legítimo. Se este falecer ou sofrer a *capitis deminutio*, extingue-se também a tutela que fora cedida.[7]

11.4. Cf. Coll. 16, 6, 1 e 7, 1 (Ulp. inst.); Gai. 1, 156 (D. 26, 4, 7); Gai. 3, 10 (Coll. 16, 2, 10); D. 38, 16, 2, 1 Paul.; Inst. 1, 15, 1 ; Inst. 3, 2, 1. A menção do sexo masculino é apenas uma exigência da tutela. Princípios que desde a *Novelae* 118 deixaram de interessar ao direito privado, de forma que os nomes diferentes dos parentes não passaram às línguas neolatinas. Note-se, porém que, hoje, quanto à delação da tutela legítima, a linha paterna tem certa preferência, art. 1.731, I e II do CC 2002.

11.5. Gai. 1, 166 a. 115.175.195 a; D. 26, 4, 4 (Modestinus); Inst. 1, 19.

11.6. Gai. 1, 168. Mas os *legitimi* não podem fazer cessão a outros *legitimi*, Scholia Sinaitica 18.

11.7. Gai. 1, 169. 170. Portanto a cessão não tem os mesmos efeitos da herança legítima antes da adição, caso em que o cessionário se torna herdeiro, como se ele próprio tivesse sido chamado, Gai. 2, 35; 3, 85; Ulp. 11, 17 e 19, 14. O tutor cede apenas o exercício da tutela, como se dá com o usufrutuário com relação a seu direito, art. 1.393 do CC 2002.

REGRAS DE ULPIANO

11.8. Quantum ad agnatos pertinet, hodie cessicia tutela non procedit, quoniam permissum erat in iure cedere tutelam feminarum tantum, non etiam masculorum; feminarum autem legitimas tutelas lex Claudia sustulit, excepta tutela patronorum.

11.8. No que concerne aos agnatos, hoje não há cessão da tutela, pois se podia ceder *in iure* apenas a tutela das mulheres, não a dos homens, e a *Lei Cláudia* suprimiu as tutelas legítimas das mulheres, exceto a que cabe aos patronos.[8]

11.9. Legitima tutela capitis diminutione amittitur.

11.9. A tutela legítima perde-se pela *capitis deminutio*.[9]

11.10. Capitis minutionis species sunt tres: maxima, media, minima.

11.10. Há três espécies de *capitis deminutio*: a máxima, a média e a mínima.[10]

11.11. Maxima capitis diminutio est, per quam et civitas et libertas amittitur, veluti cum incensus aliquis venierit, aut quod mulier alieno servo se iunxerit denuntiante domino et ancilla facta fuerit ex senatus consulto Claudiano.

11.11. É máxima quando se perdem a cidadania e a liberdade: por exemplo, no caso do que, tendo-se subtraído ao recenseamento, foi vendido, ou no da mulher que se uniu com escravo alheio, sendo denunciada pelo senhor deste, e que assim se torna escrava pelo senatusconsulto Claudiano.[11]

11.8. Gai. 1, 171. 157. Cláudio foi imperador de 41 a 54 d.C.. Há isenções por direito da prole, Ulp. 29, 3.

11.9. Gai. 1, 158; Inst. 1, 15, 3; pois, extinguindo-se a *agnatio*, cessa o motivo da delação. cf. D. 26, 4, 2 Ulp. 37 ad Sab.

11.10. Gai. 1, 159 a 163; Inst. 1, 16. *Minutio* é termo mais recente de *deminutio*, assim como *nuntiatio* de *denuntiatio*. O S. C. Claudiano, cf. Gai. 1, 84. 91. 160, foi abolido por Justiniano, C. 7, 24, 1; Inst. 3, 12, 1. Quanto à cessação da tutela no caso de simples mudança de *status familiae* (*capitis deminutio minima*), cf. art. 1.763, II. O casamento acarreta também a cessação da tutela, art. 5º, parágrafo único, II, do CC 2002.

11.11. Vide nota anterior.

56 REGRAS DE ULPIANO

11.12. *Media capitis diminutio dicitur, per quam, sola civitate amissa, libertas retinetur; quod fit in eo, cui aqua et igni interdicitur.*

11.12. Chama-se *capitis deminutio* média, quando se perde apenas a cidadania, ficando a liberdade: isso se dá com o que sofrer a interdição da água e fogo.[12]

11.13. *Minima capitis diminutio est, per quam, et civitate et libertate salva, status dumtaxat hominis mutatur; quod fit adoptione et in manum conventione.*

11.13. É mínima no caso em que se muda apenas a condição pessoal, retendo-se quer a cidadania quer a liberdade: isso acontece pela adoção e pela *conventio in manum*.[13]

11.14. *Testamento quoque nominatim tutores dati confirmantur eadem lege Duodecim Tabularum his verbis: "uti legassit super pecunia tutelave suae rei, ita ius esto": qui "tutores dativi" appellantur.*

11.14. A *Lei das XII Tábuas* assim reconheceu os tutores dados nominalmente em testamento: "Assim seja o direito, como dispôs quanto a seu patrimônio e à tutela". E estes se chamam tutores dativos.[14]

11.15. *Dari testamento tutores possunt liberis, qui in potestate sunt.*

11.15. Por testamento pode-se nomear tutores aos filhos sob pátrio poder.[15]

11.16. *Testamento tutores dari possunt hi, cum quibus testamenti faciendi ius est, praeter Latinum Iunianum; nam Latinus habet quidem testamenti factionem, sed tamen tutor dari non potest; id enim lex Iunia prohibet.*

11.12. Vide nota anterior.

11.13. Vide nota anterior.

11.14. O versículo da *Lei das XII Tábuas* faz referência à tutela em D. 50, 16, 53 pr. Paul; D. 50, 16, 120 Pomp.; cf. D. 26, 2, 20, 1 e D. h. t. 1 pr. Gai; Inst. 2, 22 pr. Gaio fala em *dare tutorem* quer relativamente à nomeação por testamento (1, 144. 145. 155) quer à nomeação por magistrado (1, 185), especialmente Gai. 1, 154; Justiniano reserva o qualificativo de *dativus* ao tutor nomeado pelas autoridades, como hoje.

11.15. Gai. 1, 144; V. F. 229; Inst. 1, 13, 3; arts. 1.729 e 1.730 do CC 2002.

REGRAS DE ULPIANO 57

11.16. São dados como tutores por testamento os que têm capacidade de tomar, exceto o latino juniano; pois este, embora tendo capacidade, não pode ser nomeado tutor, por força da *Lei Junia*.[16]

> *11.17. Si capite diminutus fuerit tutor testamento datus, non amittit tutelam sed si abdicaverit se tutela, desinit esse tutor. "Abdicare" autem est dicere, nolle se tutorem esse; in iure cedere autem tutelam testamento datus non potest; nam et legitimus in iure cedere potest, abdicare se non potest.*

11.17. Se o tutor dado por testamento sofrer a *capitis deminutio*, não perde a tutela; mas se se recusou, perde-a. *Abdicare* é declarar que não se quer ser tutor. O tutor nomeado por testamento não pode ceder *in iure* a tutela; o tutor legítimo pode cedê-la, mas não recusá-la.[17]

> *11.18. Lex Atilia iubet, mulieribus pupillisve non habentibus tutores dari a praetore et maiore parte tribunorum plebis, quos "tutores atilianos" appellamus. Sed quia lex Atilia Romae tantum locum habet, lege Iulia et Titia prospectum est, ut in provinciis quoque similiter a praesidibus earum dentur tutores.*

11.18. A *Lei Atília* dispõe que o pretor e a maioria dos tribunos da plebe nomeiem tutores às mulheres e aos pupilos que não os têm; e tais tutores se denominam atilianos. Mas, visto que a *Lei Atília* se aplica só em Roma, as *Leis Júlia e Tícia* determinam que nas províncias os tutores sejam nomeados do mesmo modo pelos governadores.[18]

> *11.19. Lex Iunia tutorem fieri iubet Latinae vel Latini inpuberis eum, cuius etiam ante manumissionem ex iure Quiritium fuit.*

11.16. Gai. 1, 23. Cf. Ulp. 20, 2. Mas os latinos podem ser nomeados tutores pelo magistrado, V. F. 193.

11.17. Trata-se de *capitis deminutio minima*, que extingue apenas a tutela legítima, D. 4, 5, 7 pr. Paul. A *abdicatio* é substituída no direito pós-clássico pela escusa, originariamente relativa à tutela dativa.

11.18. Gai. 1, 185 (cf. 1, 183. 195); Tab. Salp. c. 29; D. 3, 1, 3 pr. (interpolado); Inst. 1, 20 pr. A *Lei Atília* foi votada antes do ano 186 a.C., cf. Livio 39, 3; a *Lei* (ou *Leis?*) *Júlia et Tícia* é dos últimos tempos da República.

58 REGRAS DE ULPIANO

11.19. A *Lei Junia* manda que seja tutor da latina ou do latino impúbere quem lhe foi dono por direito quiritário antes da manumissão.[19]

> ***11.20.*** *Ex lege Iunia de maritandis ordinibus tutor datur a praetore urbis ei mulieri virginive, quam ex hac ipsa lege nubere oportet, ad dotem dandam, dicendam promitten-damve, si legitimum tutorem pupillum habeat. Sed postea senatus censuit, ut etiam in provinciis quoque similiter a praesidibus earum ex eadem causa tutores dentur.*

11.20. Por força da *Lei Junia* sobre as ordens dos casamentos, o pretor da cidade, se o tutor legítimo for pupilo, nomeia outro tutor à mulher ou moça que, segundo a mesma lei, se deve casar, a fim de dar, constituir solenemente ou prometer o dote. Mas depois o senado dispôs que analogamente, também nas províncias, os seus governadores pela mesma razão nomeassem os tutores.[20]

> ***11.21.*** *Praeterea etiam in locum muti furiosive tutoris alterum dandum esse tutorem ad dotem constituendam, senatus censuit.*

11.21. Além disso, o senado estabeleceu que para constituir o dote se pudesse nomear outro tutor em substituição ao mudo e ao louco.[21]

> ***11.22.*** *Item ex senatus consulto tutor datur mulieri ei, cuius tutor abest, praeterquam si patronus sit, qui abest; nam in locum patroni absentis aliter peti non potest, nisi ad hereditatem adeundam et nup-*

11.19. A delação da tutela, por sofrer menos a influência de fatores de ordem econômica, se mantém mais fiel ao direito quiritário do que a atribuição dos bens hereditários; pois é o manumissor que recebe por direito pretoriano (ou, eventualmente, civil) os bens do latino morto, Gai. 1, 167.

11.20. Gai 1, 178. 183; D. 26; 5, 7 Ulp.; cf. Ulp. 6, 1. Este caso e os seguintes são exceções ao princípio *tutor ad certam rem dari nom potest* (cf. D. 26, 2, 12 Ulp.), baseado no conceito segundo o qual a tutela acarreta *vis (ius) ac potestas* (D. 26, 1, 1 pr Paul.; Inst. 1, 13, 1) tanto mais amplas e gerais. Pelo contrário, dá-se curador para bens ou negócios determinados, cf. art. 1.733, § 2° do CC 2002.

11.21. Gai. 1, 180.

REGRAS DE ULPIANO **59**

> *tias contrahendas. Idemque permisit in pupillo patroni filio.*

11.22. Ainda, por senatusconsulto, em caso de ausência do tutor, nomeia-se para a mulher outro tutor, a não ser que o ausente seja um patrono; pois não se pode requerer outro tutor em lugar do patrono ausente, exceto a fim de adir uma herança ou contrair casamento. O mesmo se permite com relação ao tutor filho do patrono, que for pupilo.[22]

> *11.23. Hoc amplius senatus censuit, ut si tutor pupilli pupillaeve suspectus a tutela submotus fuerit vel etiam iusta de causa excusatus, in locum eius tutor alius detur.*

11.23. Ademais, dispôs o senado que se o tutor do pupilo ou da pupila for destituído por suspeita ou também se excusar por justa causa, se nomeie outro em seu lugar.[23]

> *11.24. Moribus tutor datur mulieri pupillove, qui cum tutore suo lege aut legitimo iudicio agere vult, ut auctore eo agat (ipse enim tutor in rem suam auctor fieri non potest), qui "praetorius tutor" dicitur, quia a praetore urbis dari consuevit.*

11.24. Pelos costumes nomeia-se outro tutor para a mulher e para o pupilo que querem propor ação de lei ou pleitear num juízo legítimo contra seu tutor, a fim de agirem com assistência daquele (pois o tutor não pode prestar assistência em causa própria); este tutor se chama pretoriano, pois costuma ser nomeado pelo pretor da cidade.[24]

> *11.25. Pupillorum pupillarumque tutores et negotia gerunt et auctoritatem interponunt; mulierum autem tutores auctoritatem dumtaxat interponunt.*

11.22. Gai. 1, 173 a 177. A hipótese de casamento não está no texto de Gaio.

11.23. Gai. 1, 182; D. 26, 5, 15 Paul., onde é um curador. Cf. art. 1.732, II e III, do CC 2002.

11.24. Por Gai. 1, 184 o tutor pretoriano não aparece mais no processo das ações da lei, que no seu tempo não existe (exceção dos atos de jurisdição voluntária), e não é unânime a opinião de sua necessidade, em se tratando de *iudicium legitimum*. Sob Justi-no, nomeia-se um curador, Inst. 1, 21, 3. *Moribus*: Ulp. 11, 3 e Proem. 3. Vide arts. 497, I; 749 e 1.735, II do CC 2002.

60 REGRAS DE ULPIANO

11.25. Os tutores dos pupilos e pupilas têm a gestão dos negócios e prestam sua assistência; os das mulheres apenas prestam assistência.[25]

11.26. Si plures sunt tutores, omnes in omni re debent auctoritatem accommodare, praeter eos, qui testamento dati sunt; nam ex his vel unius auctoritas sufficit.

11.26. Havendo vários tutores, cada um deve prestar sua assistência, exceto se nomeados por testamento; pois é suficiente a assistência de um só destes.[26]

11.27. Tutoris auctoritas necessaria est mulieribus quidem in his rebus: si lege aut legitimo iudicio agant, si se obligent, si civile negotium gerant, si libertae suae permittant in contubernio alieni servi morari, si rem mancipi alienent. Pupillis autem hoc amplius etiam in rerum nec mancipi alienatione tutoris auctoritate opus est.

11.27. A assistência do tutor é necessária às mulheres nos casos seguintes: se propuserem uma ação de lei ou pleitearem num juízo legítimo; se se obrigarem; se gerirem um negócio civil; se permitirem à sua liberta viver em contubérnio com escravo alheio; se alienarem coisa *mancipi*. Aos pupilos, além disso, é necessária a assistência do tutor também no caso de alienação de coisas *nec mancipi*.[27]

11.28. Liberantur tutela masculi quidem pubertate: puberem autem cassiani quidem eum esse dicunt, qui habitu corporis pubes apparet, id est qui generare

---

11.25. Quanto à tutela das mulheres, Gai. 1, 190. 191. No direito moderno, tomando como ponto de comparação o direito de Justiniano, em que a *negotiorum gestio* acarreta a representação do menor, pode-se traduzir *negotia gerere* por "representar" e *auctoritatem interponere* por "assistir"; cf. art. 1.747, I do CC 2002.

11.26. O Prof. Solazzi interpreta o texto subordinando a admissibilidade da *auctoritas* de um só tutor testamentário ao fato de ele gerir a tutela sozinho.

11.27. Gai. 1, 192; 2, 80. 85. Gaio não menciona a hipótese da concessão feita à liberta (cf. Paul 2, 21, 6 e 7) e não enfeixa todos os atos jurídicos (testamento, Gai. 3, 107. 108; obrigação *re*, Gai. 3, 91; estipulação, Gai. 3, 107. 108) na expressão *civile negotium* (cf. porém Gai. 3, 176).

REGRAS DE ULPIANO

possit; proculeiani autem eum, qui quattuordecim annos explevit; verum priscus eum puberem esse, in quem utrumque concurrit, et habitus corporis, et numerus annorum. Feminae autem tutela liberantur (...).

11.28. Os homens saem da tutela pela puberdade. Os Cassianos consideram púbere quem mostra ser tal pela compleição física, *i.e.*, quem pode gerar; os Proculianos, quem completou quatorze anos; mas Prisco julgou púbere quem tem os dois requisitos, o do físico *e* o da idade. As mulheres saem da tutela (...).[28]

12. DE CURATORIBUS

12. DOS CURADORES

12.1. *Curatores aut legitimi sunt, id est qui ex lege Duodecim Tabularum dantur, aut honorarii, id est qui a praetore constituuntur.*

12.1. Os curadores ou são legítimos, *i.e.*, nomeados pela *Lei das XII Tábuas*, ou honorários, *i.e.*, instituídos pelo pretor.[1]

12.2. *Lex Duodecim Tabularum furiosum, itemque prodigum, cui bonis interdictum est, in curatione iubet esse agnatorum.*

12.2. A *Lei das XII Tábuas* determina que o louco, como o pródigo, sofram a interdição de seus bens e fiquem sob a curatela dos agnatos.[2]

11.28. Gai. 1, 196. Parece que a opinião de Javoleno Prisco, jurista do fim do I século d.C., prevaleceu; mas a controvérsia foi resolvida legislativamente por Justiniano, C. 5, 60, 3: Inst. 1, 22 pr., aceitando a doutrina dos Proculianos. Quanto às mulheres isentas de tutela, Ulp. 29, 2.

12.1. O texto correspondente de Gai. 1, 197 é lacunoso; cf. Gai. Epit., 1, 8. Com Justiniano há a categoria dos curadores dados por testamento, que são confirmados pelo magistrado, Inst. 1, 23, 1; cf. art. 1.733, § 2º do CC 2002.

12.2. Inst. 1, 23, 3; Paul. 3, 4 a 7; cf. D. 27, 10, 1 Ulp. e 13 Gai. O texto da lei é reportado por Auct. ad Her. 1, 13.

62   REGRAS DE ULPIANO

12.3. *A praetore constituetur curator, quem ipse praetor voluerit, libertinis prodigis, itemque ingenuis, qui ex testamento parentis heredes facti male dissipant bona: his enim ex lege curator dari non poterat, cum ingenuus quidem non ab intestato, sed ex testamento heres factus sit patri; libertinus autem nullo modo patri heres fieri possit, qui nec patrem habuisse videtur, cum servilis cognatio nulla sit.*

12.3. O pretor nomeia quem ele quiser como curador aos pródigos, libertos ou ingênuos que, instituídos herdeiros pelo ascendente, dissipam os bens; pois não se podia dar curador a estes: nem ao ingênuo, por ser herdeiro testamentário e não *abintestato* do pai; nem ao liberto, por não poder ser seu herdeiro, desde que se julga não ter pai, em vista da inexistência de parentesco servil.[3]

12.4. *Praeterea dat curatorem ei etiam,. qui nuper pubes factus idonee negotia sua tueri non potest.*

12.4. Além disso, o pretor dá curador também àquele que, tendo apenas atingido a puberdade, não pode cuidar satisfatoriamente de seus negócios.[4]

13.   *DE CAELIBE, ORBO ET SOLITARIO PATRE*

13. DO CELIBATÁRIO, DO SEM PROLE E DO PAI SOLITÁRIO

13.1. *Lege Iulia prohibentur uxores ducere senatores quidem liberique eorum libertinas et quae ipsae quarumque pater materve artem ludicram fecerit, item corpore quaestum facientem.*

12.3. Note-se a função auxiliadora do magistrado romano (*ad adiuvandum*).

12.4. Gai Epit. 1, 8; Inst. 1, 23 pr. Trata-se da curatela dos menores de 25 anos, que por um lado visava o fim mencionado por Ulp., por outro lado evitava a *restitutio in integrum propter aetatem* (Lex Plaetoria), prejudicial para os que contratavam com os menores.

REGRAS DE ULPIANO

63

13.1. Pela *Lei Júlia* é proibido aos senadores e seus filhos casarem-se com libertas, atrizes e filhas de gente de ribalta, assim como com as que mercadejam com o próprio corpo.[1]

13.2. *Ceteri autem ingenui prohibentur ducere lenam, et a lenone lenave manumissam, et in adulterio deprehensam, et iudicio publico damnatam, et quae artem ludicram fecerit: adicit Mauricianus et a senatu damnatam.*

13.2. Aos outros ingênuos é proibido casarem-se com a alcoviteira ou com a alforriada por rufião ou por alcoviteira, com a adúltera e a condenada criminalmente, e com a atriz; Mauriciano acrescenta o mesmo com relação à condenada pelo senado.[2]

13.1. D. 23, 2, 44 pr. Paul. Em nenhum texto se encontra a expressão *pater solitarius*. Os autores julgaram que se tratasse do homem casado pai de um só filho ou também do pai não casado que tem filhos de um matrimônio anterior. Hoje se pensa que seja o viúvo com filhos. Cf. Gai. 2, 111. 114. 286 a; V. F. 216 a 219. A última frase julga-se um acréscimo, pois parece que a *Lei Júlia* não continha aquela proibição (cf. D. 23, 2, 44 pr. Paul.). Mommsen coloca *corpore quaestum facientem* no parágrafo sucessivo; o mesmo faz o Prof. Schulz, julgando entretanto que as palavras escondem uma glosa; pelo Prof. Solazzi seria glosado também D. 23, 2, 47 Paul.

13.2. Ulp. 16, 2; D. 23, 3, 43, 12 e 13. Quase todas estas normas já estão desaparecidas em 410 d.C., cf. C. 8, 57, 2. Mauriciano escreveu um comentário à *Lei Pápia*; provavelmente, foi discípulo de Juliano e lhe anotou a obra principal (digesta). Segundo o Prof. Solazzi, *et quae artem ludicram fecerit* é um acréscimo do epitomador pós-clássico, pois a *Lei Júlia* não teria excluído expressamente o casamento dos senadores com as atrizes (Ulp. 13, 1), se tivesse ditado a mesma proibição em geral quanto aos ingênuos. Com efeito, D. 23, 2, 44, 8 de Paulo determina: *eas, quas ingenui ceteri prohibentur ducere uxores, senatores non ducent.*

64 REGRAS DE ULPIANO

14. DE POENA LEGIS IULIAE
14. DA PENA DA LEI JÚLIA[14-T]

14.1. *Feminis lex Iulia a morte viri anni tribuit vacationem, a divortio sex mensum, lex autem Papia a morte viri biennii, a repudio anni et sex mensum.*

14.1.A *Lei Júlia* concede às mulheres, para se casarem, o prazo de um ano desde a morte do marido, de seis meses a partir do divórcio; mas a *Lei Pápia* lhe concede o prazo de dois anos, no primeiro caso, e de dezoito meses, a partir do repúdio.[1]

14-T. Este título, o precedente e os dois seguintes são conexos com as leis de Augusto que visavam moralizar a sociedade romana. As doações entre cônjuges eram proibidas; mas o cônjuge supérstite do falecido durante o casamento (incapaz segundo a *Lei Júlia*), gozou pela *Lei Pápia Popea* de vantagens. Assim as esquematiza o Prof. Mario Lauria: A) Tratando-se de matrimônio *cum manu*, podia suceder-lhe *ab intestato*; B) Tinha a capacidade para adquirir do outro; por testamento; sendo homem, casando-se novamente dentro de cem dias a contar do falecimento da mulher: a) Tinha a décima *matrimonii nomine* e o usufruto de um terço do monte mór; b) Tinha ulteriormente quotas proporcionais ao número de filhos vivos ou falecidos antes, chegando eventualmente a obter o inteiro, como no caso do *pater* ou da viúva com direito da prole; c) Além disso a viúva adquiria o dote que lhe fora deixado pelo marido, derrogando o edito de *alterutro*, Ulp. 15, 3; C) Os cônjuges sem filhos, tendo ultrapassado a idade *limite* estabelecida pela *Lei Pápia* (*i.e.*, o varão, 60 anos e a mulher, 50), podiam tomar reciprocamente o inteiro. Portanto, os cônjuges tinham interesse em não se divorciar. Divorciando, eles se tornavam reciprocamente estranhos e por conseqüência: 1. Podiam fazer-se doações mútuas, mas havia o limite da *Lei Cíncia* para as *personae non exceptae*; 2. a) Era impossível a sucessão recíproca intestada; b) O divorciado supérstite tornava-se celibatário e, por isso, incapaz de receber a décima *matrimonii nomine* e o usufruto do monte mór que lhe tinha sido deixado; qualquer liberalidade testamentária, para o divorciado supérstite sem filhos e para a divorciada sem direito da prole (podia-se obter novamente a capacidade em virtude de outro matrimônio contraído dentro de cem dias da delação); além disso, o divorciado maior de 60 anos e a divorciada maior de 50 perdiam a capacidade de tomar o inteiro e não podiam adquiri-la outra vez (S. C. Persiciano e Calvisiano, salvo a limitação do S. C. Claudiano); o *pater solitarius* parece que era capaz de receber apenas a metade do monte mór do testador.

14.1. O prazo da *Lei Júlia* era muito curto, pois a viúva não podia casar sem *infamia* antes de decorridos dez meses da morte do marido (*turbatio sanguinis*, art. 1.523, II, do CC 2002). Quanto à *Lei Pápia Svetonio*, Aug. 34 fala em três anos e não em dois.

REGRAS DE ULPIANO 65

15. *DE DECIMIS*
15. DAS DÉCIMAS[15-T]

15.1. *Vir et uxor inter se matrimonii nomine decimam capere possunt. Quod si ex alio matrimonio liberos superstites habeant, praeter decimam, quam matrimonii nomine capiunt, totidem decimas pro numero liberorum accipiunt.*

15.1. O marido e a mulher, pelo matrimônio, podem tomar reciprocamente a décima. Tendo filhos supérstites de outro leito, além da décima tomada pelo casamento, recebem tantas décimas quanto os filhos.[1]

15.2. *Item communis filius filiave post nominum diem amissus amissave unam decimam adicit; duo autem post nominum diem amissi duas decimas adiciunt.*

15.2. Tanto pelo filho como pela filha comum, mortos depois do dia do nome, acrescenta-se uma décima; por dois mortos, depois de oito dias, duas.[2]

15.3. *Praeter decimam etiam usumfructum tertiae partis bonorum eius capere possunt, et quandoque liberos habuerint, eiusdem partis proprietatem hoc amplius mulier, praeter decimam, dotem capere potest legatam sibi.*

15.3. Além da décima podem tomar o usufruto da terça parte dos bens e, quando tiverem filhos, a propriedade desta parte. Ademais, a mulher, além da décima, pode tomar o dote que lhe foi legado.[3]

15-T. Algumas partes das leis de Augusto tiveram nome especial; esta se chamou *lex decimaria*. Justiniano, aliás, referindo-se às leis, fala na *Lex Julia, Miscella* (mixturada), C. 6, 40 (rubrica) e const. 2 e 3; Nov. 22, 43 e 44, 8.

15.1. Cf. Gnomon § 31. A parte inoficiosa se torna caduca.

15.2. No manuscrito está *post nono die*. Parece que depois de oito dias costumava-se dar o nome aos recém-nascidos (cf. batismo).

15.3. Há vários textos que contemplam o legado de usufruto da terceira parte da herança à mulher (D. 19, 5, 10; D. 22, 1, 48; D. 33, 2, 43; e consideram a época do nascimento dos filhos (D. 35, 1, 6l; D. 31, l. 51; C. 6, 53, 4). A última parte do texto é conexa com o *edictum de alterutro*, que impunha à mulher a escolha entre o legado que lhe fora deixado pelo marido e o seu dote (Cod. 5, 13, 1, 3 a).

66 REGRAS DE ULPIANO

16. DE SOLIDI CAPACITATE INTER VIRUM ET UXOREM

16. DA CAPACIDADE RECÍPROCA DE OS CÔNJUGES TOMAREM A TOTALIDADE DOS BENS

16.1. Aliquando vir et uxor inter se solidum capere possunt, velut si uterque vel alteruter eorum nondum eius aetatis sunt, a qua lex liberos exigit, id est si vir minor annorum XXV sit, aut uxor annorum XX minor; item si utrique lege Papia finitos annos in matrimonio excesserint, id est vir LX annos, uxor L; item si cognati inter se coierint usque ad sextum gradum, aut si vir absit et donec abesset intra annum, postquam abesse desierit.

16.1. Às vezes, os cônjuges podem reciprocamente tomar a totalidade dos bens: por exemplo, se ambos ou um deles não tiverem a idade a partir da qual a lei exige filhos, *i.e.*, o marido for menor de 25 anos ou a mulher de 20; igualmente, se ambos, segundo as normas da *Lei Pápia*, ultrapassarem a idade para o casamento, *i.e.*, o varão 60 anos, a mulher 50; o mesmo se os cônjuges forem parentes até o sexto grau; ou também se o marido for ausente, durante a ausência e dentro do ano posterior àquele em que acabou sua ausência.[1]

16.1-a. Libera inter eos testamenti factio est, si ius liberorum a principe inpetraverint; aut si filium filiamve communem habeant, aut quattuordecim annorum filium vel filiam duodecim amiserint, ut intra annum tamen et sex menses etiam unus cuiuscumque aetatis inpubes amissus solidi capiendi ius praestet. Item si post mortem viri intra decem menses uxor ex eo pepererit, solidum ex bonis eius capit.

16.1-a. Têm capacidade recíproca, se impetrarem o direito da prole, ou se tiverem filho ou filha em comum, ou se perderem um filho de quatorze anos ou uma filha de doze, ou se perderem dois filhos de três anos ou três de oito dias, mas

---

16.1. Baseando-se em C. 6, 37, 19 (ano 294), Cujácio sustentou que as leis de Augusto fixaram em dois meses o prazo para os cônjuges terem a capacidade recíproca. A ausência do marido parece ser por motivo oficial.

REGRAS DE ULPIANO 67

de forma que, dentro de um ano e seis meses, mesmo um único filho falecido impúbere, com qualquer idade, dá direito de tomar o inteiro. Assim a mulher toma a totalidade dos bens do marido, se nos dez meses subsequentes à sua morte der à luz uma criança dele.[1-a]

16.2. *Aliquando nihil inter se capiunt: id est, si contra legem Iuliam Papiamque Poppaeam contraxerint matrimonium, verbi gratia si famosam quis uxorem duxerit, aut libertinam senator.*

16.2. Às vezes não tomam nada reciprocamente, como quando contraírem casamento contra as Leis Júlia e Pápia Popea; por exemplo, se alguém se casar com mulher de má reputação ou se um senador se casar com liberta.[2]

16.3. *Qui intra sexagesimum vel quae intra quinquagesimum annum neutri legi paruerit, licet ipsis legibus post hanc aetatem liberatus esset, perpetuis tamen poenis tenebitur ex senatus consulto perniciano. Sed Claudiano senatus consulto maior sexagenario si minorem quinquagenaria duxerit, perinde habebitur, ac si minor sexaginta annorum duxisset uxorem.*

16.3. Quem não obedecer nenhuma das suas leis até os sessenta anos ou cinqüenta anos, conforme seja homem ou mulher, embora depois de tal idade se subtraia a estas leis, entretanto, por força do senatusconsulto Persiciano, estará sempre sujeito às penas; mas, pelo senatusconsulto Claudiano, o maior de sessenta anos que se casar com uma menor de cinqüenta, se considera como se se casasse tendo menos de sessenta anos.[3]

16.4. *Quod si maior quinquagenaria minori sexagenario nupserit, "inpar matrimonium" appellatur et sena-*

16.1-a. O texto, como Ulp. 22, 3 e 8, não distingue entre *testamenti factio e capacitas*, cf. Ulp. 20, 2.

16.2. Cf. Ulp. 13, 2. Naturalmente, *quis* é o ingênuo.

16.3. Com efeito, o homem depois de 60 anos é ainda capaz de gerar; a mulher, depois de 50, não é capaz. Cfr. Suetonius, Claudius 23. Contra Gnomon § 25, que reproduz a antiga norma da Lei Pápia.

tus consulto Calvisiano iubetur non proficere ad
capiendas hereditates et legata dotes, itaque
mortua muliere dos caduca erit.

16.4. Se a mulher maior de cinqüenta anos se casar com menor de sessenta, o matrimônio se chama *impar*, e pelo senatusconsulto Calvisiano, não aproveita para que se tomem as heranças, bem como os legados e dotes. Assim, morta a mulher, o dote torna-se caduco.[4]

17. DE CADUCIS
17. DOS BENS CADUCOS

> **17.1.** *Quod quis sibi testamento relictum, ita ut iure civili capere possit, aliqua ex causa non ceperit, "caducum" appellatur veluti cecidit ab eo: verbi gratia si caelibi vel Latino iuniano legatum fuerit, nec intra dies centum vel caelebs legi paruerit, vel Latinus ius Quiritium consecutus sit; aut si ex parte heres scriptus vel legatarius ante apertas tabulas decesserit vel peregrinus factus sit.*

17.1. Chama-se caduco, como se caído do sujeito, aquilo que foi deixado a este por testamento, de modo que, segundo o direito civil, o sujeito poderia tomá-lo, mas não o pode por algum motivo; *verbigratia*: se se deixar um legado a um celibatário ou a um latino juniano e dentro dos cem dias o celibatário não obedecer à lei ou o latino não alcançar a cidadania; ou se o herdeiro de uma parte ou o legatário, antes da abertura do testamento, morrer ou se tornar peregrino.[1]

> **17.2.** *Hodie ex constitutione imperatoris Antonini omnia caduca fisco vindicantur: sed servato iure antiquo liberis et parentibus.*

16.4. Cf. Gnomon § 24; D. 23, 2, 61, onde *illicitum matrimonium* se julga interpolado.

17.1. Ulp. 1, 10; Gnomon § 19. Sobre o momento em que se requer a *capacitas* Ulp. 20, 2 cf. D. 31, 52; Ulp. 22, 3. Fala-se no caso de herdeiro parciário porque somente aí interessam as normas caducárias.

17.2. Hoje, por constituição do imperador Antonino, todas as partes caducas cabem ao fisco, mas se reserva aos descendentes e ascendentes o direito antigo.[2]

17.3. *Caduca cum suo onere fiunt: ideoque libertates et legata fideicommissa ab eo data, ex cuius persona hereditas caduca facta est, salva sunt: scilicet et legata et fideicommissa cum suo onere fiunt caduca.*

17.3. As partes caducam com os seus ônus respectivos; por isso as alforrias, os legados e os fideicomissos, deixados a cargo daquele para quem a herança caducou, ficam salvos; o mesmo se dá em caso de caducidade de legados e fideicomissos.[3]

18. *QUI HABEANT IUS ANTIQUUM IN CADUCIS*

18. DOS QUE GOZAM DO DIREITO ANTIGO EM CASO DE CADUCIDADE

18.1. *Item liberis et parentibus testatoris usque ad tertium gradum lex Papia ius antiquum dedit, ut heredibus illis institutis, quod quis ex eo testamento non capit, ad hos pertineat aut totum aut ex parte, prout pertinere possit.*

18.1. A *Lei Pápia* confere o direito antigo aos descendentes e ascendentes do testador até o terceiro grau, de forma que, nomeados herdeiros, lhes cabe, na medida do possível, aquilo que outrem não tomou em virtude do testamento.[1]

17.2. Ulp. 28, 7; 18, 1; cf. prefácio pág. VI Em Gnomon § 19 há um precedente fiscal.

17.3. Cf. D. 35, 1, 60, 1 Paul. e D. 34, 1, 2, 1 Marc.

18.1. Ulp. 28, 7; 19, 17; 22, 2 e 3; 1, 21; 25, 17; 17, 2; Gai: 2, 111. 144. 286. As leis caducárias (*Júlia e Pápia Popea*) introduziram casos de capacidade total ou parcial de tomar *mortis causa* ou por doação. Assim também a *Lei Junia*. *Caduca* são as partes que não pertencem aos sucessores; *in causa caduci*, as que não pertencem aos donatários. As partes se tornam dos outros herdeiros com filhos; na falta deles, dos legatários com filhos (mas Gai. 2, 207); o último a ser chamado era o *aerarium*, Gai. 2, 150. 207. Os ascendentes e descendentes de três gerações tinham o *ius antiquum*, i.e., segundo o di-

REGRAS DE ULPIANO

19. DE DOMINIIS ET ADQUISITIONIBUS RERUM

19. DA PROPRIEDADE E SUA AQUISIÇÃO

19.1. *Omnes res aut mancipi sunt aut nec mancipi. Mancipi res sunt praedia in italico solo, tam rustica, qualis est fundus, quam urbana, qualis domus item iura praediorum rusticorum, velut via, iter, actus, aquaeductus item servi et quadrupedes, quae dorso collove domantur, velut boves, muli, equi, asini. Ceterae res nec mancipi sunt. Elefanti et cameli, quamvis collo dorsove domentur, nec mancipi sunt, quoniam bestiarum numero sunt.*

19.1. As coisas são ou *mancipi* ou *nec mancipi.* São *mancipi*: os prédios situados em terra itálica, tanto rústicos, como um terreno, quanto urbanos, como uma casa; os direitos dos prédios rústicos, como as servidões de estrada, passagem, caminho e aqueduto; os escravos e os quadrúpedes que se domam pelo dorso ou pelo pescoço, como os bois, jumentos, cavalos, burros. As demais coisas são *nec mancipi*. Os elefantes e camelos, embora se domem pelo dorso ou pelo pescoço, não são coisas *mancipi*, por não pertencerem ao número dos animais domésticos.[1]

---

reito antigo (contraposto às *novae leges*) podiam *capere* as partes independentemente do fato de terem ou não filhos. Caracala (Ulp. 17, 2 cf. prefácio pág. VI) suprimiu o direito dos herdeiros e dos legatários, conservando apenas o *ius antiquum* dos ascendentes e descendentes. Na falta destes, o fisco tomava os caduca. Até Nero, as leis caducárias podiam ser burladas com a adoção (Tácito, Ann. 15, 19); até ao ano 71 d.C. (senatusconsulto Pegasiano) as normas não se aplicavam aos fideicomissos; posterior-mente foram proibidos e punidos mesmo os fideicomissos tácitos (Ulp. 25, 17). Era possível esquivar-se às leis fazendo substituições ou instituindo celibatários sob a condição de se casarem, Ulp. 17, 1 e 22, 3. Na época cristã, quando o celibato é favorecido, desaparecem muitas destas normas.

19.1. Gai. 1, 120; 2, 14 a 17. 29. Provavelmente a enumeração das quatro servidões rústicas como coisas *mancipi* é apenas exemplificativa: Gai. 2, 17 menciona como tais as servidões rústicas em geral. A controvérsia entre Proculianos e Sabinianos, sobre se os animais que se domam pelo dorso e pelo pescoço devem ser julgados *res mancipi* depois ou antes de domados (Gai. 2, 15) não é referida no texto; talvez, já no período clássico, prevalecesse a opinião dos Sabinianos, baseada não na efetiva utilização dos objetos, mas na possibilidade de seu aproveitamento futuro, cf. Vat. Fragm. 259 Papin. Note-se que os Sabinianos, porém, não são coerentes com os que sustentam em matéria de puberdade Gai. 1, 196; Ulp. 11, 28. Os elefantes e camelos acham-se excluídos

REGRAS DE ULPIANO 71

19.2. *Singularum rerum dominium nobis adquiritur mancipatione, traditione, usucapione, in iure cessione, adiudicatione, lege.*

19.2. Adquirimos a propriedade das coisas a título particular por mancipação, tradição, usucapião, cessão *in iure*, adjudicação e por lei.[2]

19.3. *Mancipatio propria species alienationis est rerum mancipi; eaque fit certis vebis, libripende et quinque testibus praesentibus.*

19.3. A mancipação é a forma de alienação peculiar às coisas *mancipi* e se realiza na presença de cinco testemunhas, com o porta-balança e mediante certas palavras.[3]

19.4. *Mancipatio locum habet inter cives Romanos et Latinos coloniarios Latinosque iunianos eosque peregrinos, quibus commercium datum est.*

---

do número das coisas *mancipi* porque, diz Gai. 2, 16, não eram conhecidos quando foi criada a categoria. Ulp. dá como fundamento da exclusão apenas uma prudente (*fere*) observação de Gaio. Nos tempos modernos, com a evolução da ciência e da técnica surgem também novas coisas, que dificilmente se enquadram nas categorias tradicionais ou, pelo menos, escapam às normas reguladoras destas.

19.2. A lista é incompleta e não obedece ao critério tradicional. É incompleta por faltar a maioria dos modos de aquisição a título particular, que Gaio indica (ocupação, 2, 66; aluvião 2, 70; avulsão, 2, 71 edificação, 2, 73 a 77; acessão 2, 77; especificação, 2, 79); não segue a ordem sistemática tradicional de modos de aquisição por *ius civile e ius naturale* (ou *gentium*), Gai. 2, 65 cf. D. 4, 1, 1 pr. e Inst. 2, 1, 11; pois a *traditio*, que é de *ius naturale*, está mencionada entre dois modos de *ius civile*. A seqüência dos modos indicados não corresponde à classificação dos de aquisição: voluntários, judiciais e legais, pois está intercalado o usucapião; pelo mesmo motivo não é possível sustentar que o texto considera apenas os modos de aquisição a título derivado, segundo um critério, aliás, ignorado no seu alcance moderno. As listas romanas dos modos de aquisição se encontram em Gai. 2, 65 ss.; Varro, de re rust. 2, 10, 4; Cícero, de inv. 1, 45; de har. resp. 7, 14; *Rhet. ad Herenn.* 4, 29, 40; Quint., Inst. orat. 5, 10, 67. O Código Civil distingue os modos de aquisição da propriedade segundo se trate de imóveis (arts. 1.238 a 1.259) ou de móveis (arts. 1.260 a 1.274 do CC 2002).

19.3. Gai. 1, 119; 2 22; Vat. Fragm. 313 (ano 296). A *mancipatio* esteve em uso durante o período clássico e, no Ocidente, também depois; foi suprimida por Justiniano, C. 7, 31, 1, 5 (ano 531), que eliminou a menção dela dos textos clássicos, substituindo-a pela *traditio*, único modo, no direito de Justiniano, de aquisição a título derivado.

72 REGRAS DE ULPIANO

19.4. A mancipação tem lugar entre romanos, latinos coloniários, latinos junianos e os peregrinos aos quais foi dado o *commercium*.[4]

19.5. *Commercium est emendi vendundique invicem ius.*

19.5. *Commercium* é a capacidade de comprar e vender.[5]

19.6. *Res mobiles non nisi praesentes mancipari possunt, et non plures quam quot manu capi possunt; immobiles autem etiam plures simul, et quae diversis locis sunt, mancipari possunt.*

19.6. As coisas móveis podem ser mancipadas, a menos que estejam presentes, e sempre podem ser mancipadas desde que não excedam a uma quantidade que se possa tomar na mão. As coisas imóveis, entretanto, podem ser mancipadas simultaneamente, mesmo que em quantidade maior e que se encontrem em lugares diversos.[6]

19.7. *Traditio propria est alienatio rerum nec mancipi. Harum rerum dominia ipsa traditione adprehendimus, scilicet si ex iusta causa traditae sunt nobis.*

19.7. A tradição é um modo de alienação peculiar às coisas *nec mancipi*. Adquirimos o domínio destas pela própria tradição, naturalmente se nos foram entregues por justa causa.[7]

19.4. Gai. 1, 119: *quod et ipsum ius proprium civium Romanorum est.* Hoje, no mundo civil, vigora a norma de não haver distinção entre nacionais e estrangeiros quanto à aquisição e ao gozo dos direitos civis.

19.5. Toma-se como exemplo mais conspícuo do *commercium*, capacidade de praticar atos jurídicos patrimoniais, a compra e venda, que é o ato mais difundido e geral. Pode-se suspeitar que um jurista clássico tenha indicado a *mancipatio* ato jurídico geral, e peculiar aos Romanos, cf. Ulp. 20, 13.

19.6. Gai. 1, 121. Historicamente o texto indica um momento de transição da categoria *mancipi* e *nec mancipi* à categoria *immobiles e mobiles*, pois esta última abre caminho mesmo dentro da primeira. Deve-se notar que a transferência dos imóveis, na *mancipatio*, se realiza sem a transferência da posse, pelo simples consentimento, pois não é necessária a presença da coisa nem de um símbolo seu.

19.7. Gai. 2, 19 e 20. A exigência da justa causa está expressa na máxima de D. 41,1, 31 pr. Paul.: *Numquam nuda traditio transfert dominium, sed ita si venditio aut aliqua iusta causa praecesserit, propter quam traditio sequeretur.* A entrega, por si só, é ato equívoco, pois pode originar apenas a aquisição da posse e, às vezes, nem isso. Embora não afirmados de modo explícito, os princípios são iguais no direito brasileiro, que, no tocante, mais se aproxima do romano que os direitos da Europa continental.

REGRAS DE ULPIANO 73

19.8. *Usucapione dominia adipiscimur tam mancipi rerum, quam nec mancipi. Usucapio est autem dominii adeptio per continuationem possessionis anni vel biennii: rerum mobilium anni, immobilium biennii.*

19.8. Por usucapião adquirimos a propriedade tanto das coisas *mancipi*, quanto das *nec mancipi*. O usucapião é a aquisição do domínio pela posse contínua durante um ou dois anos, conforme se trate de coisas móveis ou imóveis.[8]

19.9. *In iure cessio quoque communis alienatio est et mancipi rerum et nec mancipi. Quae fit per tres personas, in iure cedentis, vindicantis, addicentis.*

19.9. A *in iure cessio* é modo de alienação comum às coisas *mancipi* e *nec mancipi*, e se realiza com três pessoas: quem cede *in iure*, quem reivindica e quem faz a atribuição.[9]

19.10. *In iure cedit dominus; vindicat is, cui ceditur; addicit praetor.*

19.10. Quem cede *in iure* é o dono; quem reivindica é o cessionário; quem faz a atribuição é o pretor.[10]

19.11. *In iure cedi res etiam corporales possunt, veluti ususfructus et hereditas et tutela legitima libertae.*

19.8. Gai. 2, 42 e segs. Definição semelhante se encontra, dada por Modestino, discípulo de Ulpiano, em D. 41, 3, 3 Modest. 5 pand. Nas definições falta o requisito da qualificação da posse, que entretanto foi sempre necessário. Em Boethius 2, 4, 23 há *iustae possessionis*. Hoje cf. arts. 1.238 e 1.260 do CC 2002.

19.9. Gai. 2, 24 e 25. Sobre o processo fictício, Gai. 1, 134. Prescindindo do rito, a *in iure cessio* difere da *mancipatio*: a) por se aplicar também às coisas *nec mancipi*. Este é o único texto que o afirma; mas evidentemente a transferência deste tipo de coisas se realizava mais praticamente, pois em geral se fazia pela simples *traditio*, Gai. 2, 24 e 25; b) por se aplicar também às coisas incorpóreas: servidões prediais, Gai. 2, 29; usufruto, Gai. 2, 134; herança, Gai. 2, 34 e 3, 35; tutela legítima, Gai. 1, 168; pátrio poder, Gai. 1, 134; talvez constituição de comunhão universal de *ius civile* entre estranhos, Gai. 3, 154 a. As obrigações, porém, não são suscetíveis de *in iure cessio*, Gai. 2, 38; c) porque *os alieni iuris* não podiam praticá-la, Gai. 2, 96; V. F. 51; tratando-se de *legis actio*, Scholia Sinaitica 49; c) por não acarretar a responsabilidade pela evicção a cargo do cedente, pois este não aparecia como o alienante, mas como possuidor de coisa alheia que sofria a evicção. A última referência da *in iure cessio* encontra-se em Consullatio 6, 10 e numa constituição de Diocleciano de 293; nos textos da Compilação as palavras *in iure* foram eliminadas; em C. 8, 47, 11, Justiniano, suprimindo as antigas formalidades, nem sequer menciona o ato.

19.10. A *addictio* tem valor declaratório ou atributivo?

74 REGRAS DE ULPIANO

19.11. Podem ceder-se *in iure* também as coisas incorpóreas, como o usufruto, a herança e a tutela legítima da liberta.[11]

19.12. Hereditas in iure ceditur vel antequam adeatur, vel posteaquam adita fuerit.

19.12. A herança se cede *in iure* tanto antes como depois da adição.[12]

19.13. Antequam adeatur, in iure cedi potest legitimo ab herede; posteaquam adita est, tam a legitimo quam ab eo, qui testamento heres scriptus est.

19.13. Antes da adição, pelo herdeiro legítimo, e depois, tanto pelo legítimo como pelo testamentário.[13]

19.14. Si, antequam adeatur, hereditas in iure cessa sit, proinde heres fit, cui cessa est, ac si ipse heres legitimus esset; quod si posteaquam adita fuerit, in iure cessa sit, is, qui cessit, permanet heres, et ob id creditoribus defuncti manet obligatus; debita vero pereunt, id est debitores defuncti liberantur.

19.14. Se a cessão se fizer antes da adição, o cessionário tornar-se-á herdeiro, como se fosse legítimo. Se depois, o cedente permanecerá herdeiro e, por isso, obrigado para com os credores do falecido; os créditos deste, porém, se extinguem; *i.e.*, os devedores do falecido ficam exonerados.[14]

19.15. Res autem corporales, quasi singulae in iure cessae essent, transeunt ad eum, cui cessa est hereditas.

19.11. Gai. 2, 14.29 a 38. A tutela legítima da liberta é encarada como objeto de direito (*res incorporalis*), pois acarreta um direito efetivo do tutor, cf. Ulp. 11, 8 e 29, 2.

19.12. Gai. 2, 34 a 37; 3, 85 a 87. É mérito de Rodolfo Ambrosino ter tentado dar à *in iure cessio hereditatis* explicação consentânea com os princípios do direito romano, negando a opinião dominante segundo a qual o instituto é uma exceção à regra *semel heres semper heres*. No direito moderno a regra tem vestígios no art. 1.808, cf. art. 1.812; porém, dada a natureza da aceitação no direito brasileiro (cf. art. 1.784, todos do CC 2002), o princípio não tem grande importância.

19.13. *(Nihil)*.

19.14. *(Nihil)*.

REGRAS DE ULPIANO 75

19.15. As coisas corpóreas passam ao cessionário da herança, como se tivesse havido a cessão *in iure* de cada uma delas.[15]

> **19.16.** *Adiudicatione dominia nanciscimur per formulam familiae herciscundae, quae locum habet inter coheredes; et per formulam communi dividundo, cui locus est inter socios; per formulam finium regundorum, quae est inter vicinos. Nam si iudex uni ex heredibus aut sociis aut vicinis rem aliquam adiudicaverit, statim illi adquiritur, sive mancipi sive nec mancipi sit.*

19.16. Por adjudicação adquirimos a propriedade com a fórmula da ação *familiae erciscundae*, que cabe entre coherdeiros, com a fórmula da ação *communi dividundo*, entre consortes, e da *finium regundorum*, entre vizinhos. Pois se o árbitro adjudicar algo a um dos herdeiros, consortes ou vizinhos, este a adquire logo, quer se trate de coisa *mancipi* quer *nec mancipi*.[16]

> **19.17.** *Lege nobis adquiritur velut caducum vel ereptorium ex lege Papia Poppaea, item legatum ex lege Duodecim Tabularum, sive mancipi res sint sive nec mancipi.*

19.17. Por lei adquirimos o que caducou ou se tornou *ereptorium* em virtude da *Lei Pápia Popea*, e também o legado, de acordo com a *Lei das XII Tábuas*, sejam coisas *mancipi*, sejam *nec mancipi*.[17]

19.15. *(Nihil)*.

19.16. Gai: 4, 39. 42. No direito clássico, tratando-se de *iudicia legitima* (cf. Gai. 4, 103; 1, 184; 3, 83) a *adiudicatio* origina a propriedade quiritária, Vat. Fragm. 47; tratando-se de *iudicia imperio continentia*, apenas a propriedade pretoriana, cf. D. 10, 2, 44, 1 Paul.. O texto não faz referência à distinção, que decai nos últimos tempos. Diversamente ao que se verifica no direito moderno, a adjudicação é atributiva da propriedade e não simplesmente declaratória; *i.e.*, o proprietário da parte atribuída pelo juiz se considera proprietário exclusivo da mesma, não desde o início da comunhão, mas exatamente desde a divisão feita pelo juiz [*statim* (...) *adquiritur*], cf. Inst. 4, 17, 7.

19.17. O texto, mencionando o legado entre os modos legais de aquisição, cf. Ulp. 24, 1, dá à *Lei das XII Tábuas*, que é geral, um valor impróprio; aliás, cf. D. 50, 16, 130 Ulp. Por Gai. 2, 97 e 3, 91, o legado é apenas modo de aquisição a título particular. Os autores modernos chamam de legais os modos de aquisição quando a lei especialmente confere a uma pessoa determinada a propriedade de coisas que, segundo os princípios

76   REGRAS DE ULPIANO

> *19.18. Adquiritur autem nobis etiam per eas personas, quas in potestate, manu mancipiove habemus. I-taque si quid mancipio puta acceperint, aut traditum eis sit, vel stipulati fuerint, ad nos pertinet.*

19.18. Adquirimos também, por intermédio dos que estão em nosso poder, *manus* ou mancípio. Assim pertence-nos aquilo que eles tiverem recebido por mancipação ou por tradição, ou tiverem obtido por estipulação.[18]

> *19.19. Item si heredes instituti sint legatumve eis sit, et hereditatem iussu nostro adeuntes nobis adquirunt, et legatum ad nos pertinet.*

19.19. Ainda, sendo nomeados herdeiros ou legatários, aceitando a herança por nossa outorga, no-la adquirem e o legado nos pertence.[19]

> *19.20. Si servus alterius in bonis, alterius ex iure Quiritium sit, ex omnibus causis adquirit ei, cuius in bonis est.*

19.20. Se um escravo for propriedade bonitária de uma pessoa e quiritária de outra, ele adquire para o proprietário bonitário em todos os casos.[20]

> *19.21. Is, quem bona fide possidemus, sive liber sive a-lienus servus sit, nobis adquirit ex duabus causis tantum, id est, quod ex re nostra et quod ex operis suis adquirit: extra has autem causas aut sibi adquirit, si liber sit, aut domino, si alienus servus sit. Eadem sunt et in eo servo, in quo tantum usumfructum habemus.*

---

gerais, deveriam pertencer a outra; entre eles mencionam C. 8, 4, 7 (ano 389), pena do exercício arbitrário das próprias razões e C. 11, 59, 8 (anos 388-392) sobre as terras incultas. *Ereptorium* é o que o fisco vai tirar ao indigno, cf. quanto aos efeitos art. 1.815 do CC 2002.

19.18. Gai. 2, 86 e segs.; 3,163; inst. 3,28 pr.

19.19. Gai. 2, 87; D. 29, 2, 6 pr, Ulp.. O *affidavit* de quem tem o poder é necessário, pois a herança no direito romano acarreta eventualmente ônus; cf. quanto aos escravos D. 50, 17, 133 Gai.

19.20. Gai. 2, 88;·1, 54; 3,166. A propriedade bonitária bem cedo nas relações patrimoniais, afastou a quiritária; o senhor pretoriano tem a *potestas* sobre seu escravo; cf. D. 50, 16, 215 Paul.

REGRAS DE ULPIANO   77

19.21. Aquele que possuímos de boa fé, quer seja livre quer seja escravo de outrem, adquire para nós apenas em dois casos, *i.e.*, o que adquire por nossa causa ou por trabalho próprio. Fora desses casos, ou adquire para si, sendo livre, ou para seu senhor, sendo escravo. O mesmo se aplica com relação ao escravo de que temos apenas o usufruto.[21]

20. DE TESTAMENTIS
20. DOS TESTAMENTOS

20.1. *Testamentum est mentis nostrae iusta contestatio in id sollemniter facta, ut post mortem nostram valeat.*

20.1. O testamento é o testemunho justo da nossa mente, feito de modo solene para que tenha valor depois de nossa morte.[1]

20.2. *Testamentorum genera fuerunt tria, unum, quod calatis comitiis, alterum, quod in procinctu, tertium, quod per aes et libram appellatum est. His duobus testamentis abolitis hodie solum in usu est, quod per aes et libram fit, id est per mancipationem imaginariam. In quo testamento libripens adhibetur et familiae emptor et non minus quam quinque testes, cum quibus testamenti factio est.*

20.2. Houve três tipos de testamento: o primeiro, chamado *calatis comitiis*, o segundo, *in procinctu*, o terceiro, *per aes et libram*. Abolidos os dois primeiros, hoje só está em uso o que se faz *per aes et libram*, *i.e.*, uma fictícia mancipação. Na feitura deste testamento tomam parte o porta-balança, o com-

---

19.21. Gai. 2, 92 e 91 (D. 41, 1, 10, 3 e 4); Paul. 5, 7, 3; Vat. Fragm. 71 b; Inst. 2, 9, 4.

20.1. Definição semelhante de testamento é a de Modestino, D. 28, 1, 1: *Testamentum est voluntatis nostrae iusta sententia de eo quod quis post mortem suam fieri velit*; cf. arts. 1.857 e 1.858 do CC 2002. *Contestatio, testatio* (Ulp. 20,9) é a vontade manifestada perante testemunhas. Os romanos tiram desta palavra a própria etimologia de testamento (*testatio mentis*), Gellio, 6, 12, 6 (contra Sérvio Sulpício) e Inst. 2, 10 pr.

78 REGRAS DE ULPIANO

prador da família e pelo menos cinco testemunhas, com os quais se tem a *testamenti factio*.[2]

20.3. *Qui in potestate testatoris est aut familiae emptoris, testis aut libripens adhiberi non potest, quoniam familiae mancipatio inter testatorem et familiae emptorem fit, et ob id domestici testes adhibendi non sunt.*

20.3. Quem está sob poder do testador ou do comprador da família não pode atuar como testemunha ou porta-balança, pois a mancipação da família se realiza entre o testador e o comprador, cujos dependentes não podem servir de testemunhas.[3]

20.4. *Filio familiam emente pater eius testis esse non potest.*

20.4. Sendo o filho comprador da família, seu pai não pode ser testemunha.[4]

20.5. *Ex duobus fratribus, qui in eiusdem patris potestate sunt, alter familiae emptor, alter testis esse non potest, quoniam quod unus ex his mancipio accipit, adquirit patri, cui filius suus testis esse non debet.*

20.5. Entre dois irmãos, os quais estão sob o mesmo pátrio poder, um sendo comprador da família, o outro não pode ser tes-

---

20.2. Gai. 2, 101 segs.; Inst. 2, 10, 1. A mancipação é *imaginaria* (Gai. 2,103 e 104: *dicis gratia*), porque não tem conteúdo substancial, apresentando um contraste entre a forma e seus fins. *Testamenti factio* indica não somente a capacidade de fazer testamento e de suceder como herdeiro testamentário, mas também a de intervir de qualquer forma na feitura de um testamento (por exemplo, como testemunha) ou de ser contemplado nele (por exemplo, como legatário, fideicomissário, tutor), cf. Ulp. 22, 1; 11, 16. Mas nem sempre a terminologia é rigorosamente observada; cf. Ulp. 16, 1, onde a locução significa *capacitas*, *i.e.*, a capacidade de o sujeito chamado a sucessão tomar (*capere*) a herança, o legado ou o fideicomisso (cf. Ulp. 17, 1). A *capacitas* pode ser parcial, cf., por exemplo, Gai 2, 286 e Ulp. 15 e 16, e não acarreta a nulidade das disposições contidas no testamento; além disso a *capacitas* se determina no momento da aquisição, tendo o beneficiado o prazo de cem dias para obtê-la, Ulp. 17, 1.

20.3. Gai. 2, 105 e 107; Inst. 2, 10, 9. Pelo Código Civil de 2002, art. 228, não podem ser testemunhas os ascendentes, descendentes, irmãos e cônjuge do *de cujus*; do mesmo modo não o pode ser o herdeiro instituído ou o legatário.

20.4. Gai. 2, 106; Inst. 2, 10, 10.

REGRAS DE ULPIANO   79

temunha, pois aquilo que o primeiro recebe em mancipação pertence ao pai, e o outro filho não pode ser testemunha do pai.[5]

> **20.6.** *Pater et "filius" qui in potestate eius est, item duo fratres, qui in eiusdem patris potestate sunt, testes utrique, vel alter testis, alter libripens fieri possunt, alio familiam emente; quoniam nihil nocet ex una domo plures testes alieno negotio adhiberi.*

20.6. O pai e o filho, que lhe está sob poder, e também dois irmãos sob o mesmo pátrio poder, podem ser ambos testemunhas ou um testemunha e outro porta-balança, no caso de um estranho comprar a família; pois não faz mal que em ato alheio haja testemunhas da mesma família.[6]

> **20.7.** *Mutus, surdus, furiosus, pupillus, femina neque familiae emptor esse, neque testis libripensve fieri potest.*

20.7. O mudo, o surdo, o louco, o pupilo e a mulher não podem ser nem compradores da família, nem testemunhas, nem porta-balança.[7]

> **20.8.** *Latinus Iunianus et familiae emptor et testis et libripens fieri potest, quoniam cum eo testamenti factio est.*

20.8. O latino juniano pode ser comprador da família, testemunha ou porta-balança, pois tem *testamenti factio*.[8]

> **20.9.** *In testamento, quod per aes et libram fit, duae res aguntur, familiae mancipatio et nuncupatio testamenti. Nuncupatur testamentum in hunc modum: tabulas testamenti testator tenens ita dicit: "haec ut in his tabulis cerisve scripta sunt, ita do lego, ita testor; itaque vos, quirites, testimonium perhibetote". Quae nuncupatio et "testatio" vocatur.*

20.5. Gai. 2, 106.
20.6. D. 22, 5, 17 Ulp.lib. sing. regul., onde Justiniano eliminou a menção do porta-balança, cf. Inst. 2, 10, 8.
20.7. Inst. 2, 10, 6.
20.8. Ulp. 19, 3.

80 REGRAS DE ULPIANO

20.9. O testamento *per aes et libram* consta da mancipação da família e da nuncupação do testamento. A nuncupação do testamento se faz do modo seguinte: o testador, tendo as tábuas do testamento, declara: "O que está escrito nestas tábuas ceradas dou, lego, testo; e que disso; vós, Quirites, sejais testemunhas". E esta nuncupação se chama também *testatio.*[9]

> *20.10. Filius familiae testamentum facere non potest, quoniam nihil suum habet, ut testari de eo possit. Sed divus Augustus 'marcus' constituit, ut filius familiae miles de eo peculio, quod in castris adquisivit, testamentum facere possit.*

20.10. O filho famílias não pode fazer testamento, pois não tem nada de seu e assim não pode testar. Mas o divino Augusto determinou que o filho famílias, sendo soldado, pode fazer testamento do pecúlio que adquiriu no serviço militar.[10]

> *20.11. Qui de statu suo incertus est factus, quod patre peregre mortuo ignorat, se sui iuris esse, testamentum facere non potest.*

20.11. Quem não tem certeza da própria condição, ignorando ter-se tornado *sui iuris* pelo falecimento do pai, ocorrido fora do país, não pode fazer testamento.[11]

> *20.12. Inpubes, licet sui iuris sit, facere testamentum non potest, quoniam nondum plenum iudicium animi habet.*

20.9. Gai. 2, 104: *nuncupare est enim palam nominare,* cf. Varro, de língua latina 6, 60 e Festo, *nuncupata.* O testamento romano é ato eminentemente oral; cf. Gai. 2, 151, onde o instrumento não é *ad substantiam.*

20.10. D. 46, 1, 11 Iulian.: *nec est ulla hereditas;* Gai. 2, 111 a 114; Gai Epit. 2, 2, 1; Inst. 2, 12 pr. Já pelos antigos comentadores, com base em Inst. 2, 12 pr., *Marcus* é considerado uma glosa. Sobre o testamento do *miles* cf. Ulp. 1, 20; 23, 10.

20.11. D. 28, 1, 15 Ulp. 12 ad ed., baseando-se num rescrito de Pio. Na mesma condição está o escravo manumitido por testamento, que não sabe se o *de cujus* morreu, D. 28, 1, 14 Paul.: *qui incertus de statu suo est, certam legem testamento dicere nom potest;* pois faltaria vontade testamentária decisiva. A orientação é antiga na jurisprudência romana, cf. D. 29, 2, 9 Marcellus com a opinião de Aristo quanto aos codicilos.

REGRAS DE ULPIANO   81

20.12. O impúbere, embora *sui iuris*, não pode fazer testamento porque ainda não tem o pleno uso da razão.[12]

20.13. Mutus, surdus, furiosus, item prodigus, cui lege bonis interdictum est, testamentum facere non possunt: mutus, quoniam verba nuncupationis loqui non potest; surdus, quoniam verba familiae emptoris exaudire non potest furiosus, quoniam mentem non habet, ut testari de ea re possit prodigus, quoniam commercium in illi interdictum est, et ob id familiam mancipare non potest.

20.13. O mudo, o surdo, o louco e o pródigo, que pela lei sofreram a interdição, não podem fazer testamento: o mudo, por não poder proferir as palavras da nuncupação; o surdo, por não poder ouvir as do comprador da família; o louco, por não ter vontade de dispor das suas coisas; o pródigo, por ter sofrido a interdição e por isso não poder mancipar a família.[13]

20.14. Latinus Iunianus, item is, qui dediticiorum numero est, testamentum facere non potest: Latinus quidem, quoniam nominatim lege Iunia prohibitum est; is autem, qui dediticiorum numero est, quoniam nec quasi civis Romanus testari potest, cum sit peregrinus, nec quasi peregrinus, quoniam nullius certae civitatis civis est, ut secundum leges civitatis suae testetur.

20.14. O latino juniano e o que pertence à classe dos deditícios não podem fazer testamento; o latino, porque está expressamente proibido pela *Lei Junia*; o deditício porque, sendo peregrino, não pode testar como cidadão romano, nem pode fazê-lo como peregrino, pois não tem cidadania certa, segundo cuja lei possa testar.[14]

20.12. Gai. 2, 113; Paul. 3, 4 a, 1; D. 28, 1, 5 Ulp.; Inst. 2, 12, 1.

20.13. *Mutus surdus* desde o nascimento, segundo Justiniano, C. 6, 22, 10; Inst. 2, 12, 3.
No direito imperial há vestígios de concessões particulares, D. 28, 1, 7 Aem. Macer.
Quanto à sucessão testamentária, vide arts 1.857 a 1.990 do Código Civil de 2002.

20.14. Gai. 1, 23. 25; 3, 75; 2, 110. 275; cf. Ulp. 1, 10 e 20, 2.

82 REGRAS DE ULPIANO

20.15. *Feminae post duodecimum annum aetatis testamenta facere possunt, tutore auctore, donec in tutela sunt.*

20.15. As mulheres maiores de doze anos podem fazer testamento com a assistência do tutor, enquanto estiverem sob tutela.[15]

20.16. *Servus publicus populi Romani partis dimidiae testamenti faciendi habet ius.*

20.16. O escravo público do povo romano tem direito de dispor por testamento da metade de seus bens.[16]

21. QUEMADMODUM HERES INSTITUI DEBEAT

21. DE COMO SE DEVE INSTITUIR O HERDEIRO

21.1. *Heres institui recte potest his verbis: "titius heres esto, titius heres sit, titium heredem esse iubeo"; illa autem institutio "heredem instituo, heredem facio" plerisque inprobata est.*

21.1. Pode instituir-se validamente o herdeiro pelas seguintes palavras: "Tício seja herdeiro; que Tício seja herdeiro; ordeno que Tício seja herdeiro". São desaprovadas por muitos as formas: "Instituo herdeiro, faço herdeiro".[1]

22. QUI HEREDES INSTITUI POSSUNT

22. DOS QUE PODEM SER INSTITUÍDOS HERDEIROS

22.1. *Heredes institui possunt, qui testamenti factionem cum testatore habent.*

20.15. Gai. 2, 112 e 113. 118; 1, 115; Paul, 3, 4 a, 1. O caráter estritamente pessoal do testamento não se altera, sendo a outorga tutoria mera formalidade.

20.16. Trata-se naturalmente da metade de seu pecúlio. Mas tal direito do escravo público é apenas mencionado neste texto e numa inscrição epigráfica muito incerta. Alguns autores sustentam que o privilégio diz respeito apenas aos escravos prepostos a outros escravos *vicarii* (*servi Caesaris ordinarii*).

21.1. Gai. 2, 117; cf. D. 28, 5, 1, 5 a 7 Ulp. 1 ad Sab.

REGRAS DE ULPIANO 83

22.1. Podem ser instituídos herdeiros os que têm *testamenti factio* com o testador.[1]

> **22.2.** *Dediticiorum numero heres institui non potest, quia peregrinus est, cum quo testamenti factio non est.*

22.2. Não pode ser instituído herdeiro o da classe dos deditícios porque é peregrino, e com este não há *testamenti factio*.[2]

> **22.3.** *Si quidem mortis testatoris tempore vel intra diem cretionis civis Romanus sit, heres esse potest; quodsi Latinus manserit, lege iunia capere hereditatem prohibetur. Idem iuris est in persona caelibis propter legem Iuliam.*

22.3. O latino juniano, se no momento da morte do testador ou dentro do prazo da *cretio* se tornar cidadão romano, poderá ser herdeiro, pois, permanecendo latino, estará proibido de tomar a herança por força da *Lei Júnia*. O mesmo se aplica ao celibatário, em virtude da *Lei Júlia*.[3]

> **22.4.** *Incerta persona heres institui non potest, velut hoc modo: "quisquis primus ad funus meum venerit, heres esto"; quoniam certum consilium debet esse testantis.*

22.4. Não se pode instituir herdeiro uma pessoa incerta, por exemplo: "Seja herdeiro o que primeiro venha aos meus funerais"; pois a vontade do testador deve ser determinada.[4]

> **22.5.** *Nec municipia nec municipes heredes institui possunt, quoniam incertum corpus est, et neque cernere universi neque pro herede gerere possunt, ut heredes fiant: senatus consulto tamen concessum est, ut a libertis suis heredes institui possint. Sed fideicommissaria hereditas municipibus restitui potest; denique hoc senatus consulto prospectum est.*

22.1. Inst. 2, 20, 24; cf. art. 1.799 do CC 2002.

22.2. Gai. 1, 25; 2, 218. 110; Ulp. 20, 2.

22.3. Gai. 1, 23; 2, 275. 110; cf. também Gai. 2, 211. 144, 150. 206. 207; cf. Ulp. 17, 1; 22, 8.

22.4. Gai. 2, 238. 287; Inst. 2, 20, 25; arts. 1.900, II e 1.901 do CC 2002.

84 REGRAS DE ULPIANO

22.5. Os municípios e os munícipes não podem ser instituídos herdeiros; pois não somente se trata de um corpo indeterminado, mas também nem todos podem fazer a *cretio* ou comportar-se como herdeiros para que se tornem tais. Entretanto, foi permitido por um senatusconsulto que os libertos deles pudessem instituí-los herdeiros. Mas os municípios podem ser fideicomissários de uma herança; isto também foi contemplado por um senatusconsulto.[5]

> **22.6.** *Deos heredes instituere non possumus praeter eos, quos senatus consulto constitutionibus principum instituere concessum est, sicuti Iovem Tarpeium, Apollinem Didymaeum mileti, Martem in Gallia, Minervam Iliensem, Herculem Gaditanum, Dianam Efesiam, matrem deorum Sipylenen, Nemesim quae Smyrnae colitur, et caelestem salinensem Carthaginis.*

22.6. Não podemos instituir herdeiros os deuses, exceto aqueles que algum senatusconsulto ou constituição imperial permitiu, como Júpiter Tarpeio, Apólo Didimeo em Mileto, Marte na Gália, Minerva de Ílio, Hércules de Gades, Diana de Éfeso, a Mãe dos deuses Sipylene, Nemese, que se cultua em Smirna, e Celeste Salinense em Cartago.[6]

22.5. As duas razões indicadas, *corpus incertum* e impossibilidade de querer, talvez sustentadas por motivos políticos, foram superadas, inicialmente, pela possibilidade de os *municipia* terem libertos; pois, como patrono, o município tinha direito à herança legítima D. 38, 3, 1 pr. Ulp. 49 ad ed. Posteriormente, um senatusconsulto conhecido por Plínio, o moço, (Epist. 5, 7) admitiu que os municípios fossem fideicomissários; o senatusconsulto Aproniano de Adriano permitiu mesmo um fideicomisso universal, D. 36, 1, 27 (26) Paul. e 28 (27) Iulian. Como diz Ulp., um outro senatusconsulto permitiu a instituição de herdeiro feita pelo liberto, cf. D. 38, 3, 1, 1 Ulp. A capacidade se dá, e talvez seja anterior, em relação à *bonorum possessio* D. 37, 1, 3, 4 Ulp. e aos legados, cf. Ulp. 24, 28. No direito moderno, desde que a pessoa jurídica seja certa, arts. 1.900, II e 1.902, o *actor* (D. 36, 1, 28 (27)) manifesta sua vontade de aceitar, que aliás tem apenas valor confirmatório, art. 1.784, todos do CC 2002.

22.6. A incapacidade dos deuses, segundo Scialoja, dizia respeito apenas à instituição de herdeiro, pois a condição de ente divino, que não vive na terra, é contrária à qualidade de herdeiro; quanto ao legado cf. D. 35, 2, 1, 5, fica sujeito à *Lei Falcídia*; contra Paul. 4, 3, 3. Trata-se de concessões de favor, das quais temos também (para Afrodite de Afrodisiade) testemunhos epigráficos; havendo mesmo, a fim de evitar a caducidade, a concessão do *ius liberorum* aos deuses que, segundo a mitologia, não tinham filhos, Dio Cass. 2, 5, 7. Justiniano admite a possibilidade de se instituir a Deus ou a Jesus Cristo.

REGRAS DE ULPIANO 85

22.7. *Servos heredes instituere possumus, nostros cum libertate, alienos sine libertate, communes cum libertate vel sine libertate.*

22.7. Podemos instituir herdeiros aos escravos; sendo nossos, dando-lhes a liberdade; sendo alheios, sem liberdade; sendo comuns, quer com a liberdade quer sem ela.[7]

22.8. *Eum servum, qui tantum in bonis noster est, nec cum libertate heredem instituere possumus, quia Latinitatem consequitur, quod non proficit ad hereditatem capiendam.*

22.8. O escravo, sobre o qual temos apenas a propriedade bonitária, não pode ser instituído herdeiro por nós com a liberdade, porque ele obtém a condição de latino, o que não lhe aproveita para tomar a herança.[8]

22.9. *Alienos servos heredes instituere possumus eos tantum, quorum cum dominis testamenti factionem habemus.*

22.9. Dos escravos alheios podemos instituir herdeiros apenas aqueles com cujos senhores temos a *testamenti factio*.[9]

22.10. *Communis servus cum libertate recte quidem heres instituitur quasi proprius pro parte nostra; sine libertate autem quasi alienus propter socii partem.*

C. 1, 2, 25 (26), atribuindo o patrimônio à igreja situada no domicílio do falecido, Nov. 131, 9; cf. art. 1.902 do CC 2002.

22.7. Este parágrafo e os seguintes, até 13, correspondem a Gai. 2, 185 até 190. Nomeando-se herdeiro o escravo próprio, a liberdade é necessária porque ninguém pode ser herdeiro de si mesmo. Parece, porém, que a concessão implícita da liberdade foi sustentada já no período clássico, Inst. 2, 14 pr. (Atilicinus), cf. Inst. 1, 6, 2 (3) e C. 6, 27, 5, 1; Justiniano eliminou-lhe a referência, como se pode verificar comparando Inst. 2, 14, 1 com Gai. 2, 188 e também Inst. 2, 19, 1 com Gai. 1, 153. Nomeando-se o escravo alheio, não se lhe pode dar a liberdade, porque seria dispor do patrimônio de outrem. Embora a herança caiba ao senhor, a instituição *ambulat cum domino*, D. 37, 11, 2, 9 Ulp. e *ex persona servi consistit*, D. 32, 82, 2 Paul. No caso de nomeação de escravo comum, no direito clássico, parece que se aplica o direito de acrescer, Paul. 3, 6, 4, embora Justiniano recorde disposições que teriam originado a norma de C. 7, 7, 1, admitindo o escravo à liberdade depois de pago ao senhor o valor de seu quinhão.

22.8. Ulp. 2, 8; 1, 16. A *Lei Junia* declara os *Latini Juniani* incapazes, Ulp. 22, 3; Gai. 1, 17; 2, 275.

22.9. Gai. 2, 185 a 190.

86 REGRAS DE ULPIANO

22.10. Sendo o escravo em condomínio do testador e de outrem, se o testador o nomeia herdeiro, deve dar-lhe a liberdade, desde que o considera próprio; se o considera alheio, pela parte do consorte, pode nomeá-lo herdeiro sem libertá-lo.[10]

> **22.11.** *Proprius servus cum libertate heres institutus si quidem in eadem causa permanserit, ex testamento liber et heres fit, id est necessarius.*

22.11. O escravo instituído herdeiro com a liberdade, se permanecer nosso, torna-se por testamento livre e herdeiro, *i.e.*, herdeiro necessário.[11]

> **22.12.** *Quod si ab ipso testatore vivente manumissus vel alienatus sit, suo arbitrio vel iussu emptoris hereditatem adire potest. Sed si sine libertate sit institutus, omnino non consistit institutio.*

22.12. Por outro lado, se for alforriado e alienado pelo próprio testador ainda vivo, pode adir a herança respectivamente por sua vontade ou por outorga do comprador. Mas, se for instituído sem a liberdade, a instituição não tem valor.[12]

> **22.13.** *Alienus servus heres institutus si quidem in ea causa permanserit, iussu domini debet hereditatem adire; quod si vivo testatore manumissus aut alienatus a domino fuerit, aut suo arbitrio aut iussu emptoris poterit adire hereditatem.*

22.13. O escravo alienado, se permanece na verdade nessa situação, adquire por vontade própria a herança do dono. Por causa da alforria do testador vivo, e por haver domínio do alienado, ou por seu arbítrio, ou pela vontade do comprador, pode adquirir herança.[13]

> **22.14.** *Sui heredes instituendi sunt vel exheredandi. Sui autem heredes sunt liberi, quos in potestate habemus, tam naturales quam adoptivi; item uxor,*

22.10. O texto não tem correspondência em Gaio. Naturalmente, no primeiro caso apresentado, o escravo cai integralmente sob o poder do consorte, cf. Ulp. 1, 18.

22.11. Gai. 2, 185 a 190.

22.12. *(Nihil)*.

22.13. *(Nihil)*.

REGRAS DE ULPIANO

quae in manu est, et nurus, quae in manu est filii, quem in potestate habemus.

22.14. Os herdeiros seus devem ser instituídos ou deserdados.

São herdeiros seus: os filhos sob nosso poder, sejam naturais, sejam adotivos; a mulher que está *in manu* e a nora que está *in manu* do filho sobre o qual temos o pátrio poder.[14]

22.15. *Postumi quoque liberi, id est, qui in utero sunt, si tales sunt, ut nati in potestate nostra futuri sint, suorum heredum numero sunt.*

22.15. São herdeiros seus os filhos póstumos, *i.e.*, os no ventre materno, os quais, nascendo, viriam a cair sob nosso poder.[15]

22.16. *Ex suis heredibus filius quidem neque heres institutus, neque nominatim exheredatus, non patitur valere testamentum.*

22.16. O testamento é inválido se o filho, herdeiro seu, não for expressamente e individualmente instituído ou deserdado.[16]

22.14. Gai. 2, 123 segs.; 2, 156 a 159; Inst. 2, 13, 2 e 2, 19, 2. O texto de Ulp. resume o sistema do *ius civile* quanto à sucessão dos filhos, que os modernos chamam "sucessão legítima formal", por ser baseada na forma do testamento; o sistema é primordial e a jurisprudência procura corrigi-lo favorecendo a nomeação dos *sui* e limitando a deserdação (D. 28, 5, 87). No sistema moderno, a deserdação é permitida apenas em casos determinados pela lei e ainda quando o testador lhe faz expressa menção da causa, arts. 1.962 e 1.964. Alguns autores pensam que em Ulp. não é clássica a observação de que a norma está *in manu filii*; mas ela se encontra três vezes em Gaio (1, 148; 2, 159; 3, 41), e é mais verossímil que Gaio não seja glosado e encare o poder do *filiusfamilias* como que latente. Aliás, já na época clássica, o filho famílias tem capacidade nas relações de direito público (D. 1, 6, 9) e nas de direito de família, cuja regulamentação interessa de modo especial a *res publica* (cf. por exemplo, Gai. 3, 221 *in fine*).

22.15. Gai. 2, 130 a 132; Inst. 2, 13, 1; cf. Ulp. 22, 18 a 21 e 23, 2. *Postumi* são a princípio os que nascem depois da morte do *pater* (*post humatum testatorem*, Isidoro) e foram inicialmente considerados como *incertae personae*. Uma exceção, quanto à capacidade deles, foi admitida para os *heredes sui* (Gai. 2, 130), desde que concebidos; da *interpretatio* de Gallo Aquílio derivam os *postumi aquiliani* (D. 28, 2, 29 pr.), *i.e.*, os póstumos de filho premorto sob pátrio poder, que nascendo se tornariam *heredes sui* do testador; a *Lei Júnia Velleia* de 26 d.C. admitiu a instituição de póstumos nascidos depois da feitura do testamento (*postumi Iuniani* ou *Vellaeiani*, D. 28, 2, 29, 11 a 14); de Sálvio Juliano são os *postumi Juliani* (D. 28, 2, 29, 5), *i.e.*, os nascidos que se tornaram *sui iuris* depois da feitura do testamento, por ter falecido antes o *heres suus* imediato. Aos póstumos estranhos à família do testador o direito civil nunca reconheceu capacidade (Gai. 1, 147; 2, 241 e 242); mas o pretor lhes concedeu a *bonorum possessio* (Inst. 3, 9 pr.). Agora, cf. art. 1.973 do CC 2002.

22.16. Gai. 2, 123; cf. Ulp. 10, 1.

22.17. *Reliquae vero personae liberorum, velut filia, nepos, neptis, si praeteritae sint, valet testamentum, scriptis heredibus adcrescunt, suis quidem heredibus in partem virilem, extraneis autem in partem dimidiam.*

22.17. O testamento é válido, porém, se as outras pessoas, que não o filho, i.e., a filha, o neto, a neta, forem preteridas; mas essas, em face dos herdeiros nomeados, têm o direito de acrescer: em se tratando de herdeiros seus, na parte equivalente à que cada um deles recebe; e no caso de os herdeiros serem estranhos, na quota equivalente à metade do que toca a cada um.[17]

22.18. *Postumi quoque liberi cuiuscumque sexus omissi, quod valuit testamentum, agnatione rumpunt.*

22.18. Preterindo-se filhos póstumos, qualquer que seja seu sexo, pela agnação rompe-se o testamento válido.[18]

22.19. *Eos, qui in utero sunt, si nati sui heredes nobis futuri sunt, possumus instituere heredes: si quidem post mortem nostram nascantur, ex iure civili; si vero viventibus nobis, ex lege Iunia.*

22.19. Podemos instituir herdeiros os nascituros, se, nascendo, vierem a ser nossos herdeiros; por direito civil, se o nascimento se der depois de nossa morte; pela *Lei Júnia*, se o mesmo tiver lugar ainda enquanto vivermos.[19]

22.20. *Filius, qui in potestate est, si non instituatur heres, nominatim exheredari debet; reliqui sui heredes utriusque sexus aut nominatim aut inter ceteros.*

22.20. Se o filho sob pátrio poder não for instituído herdeiro, deve ser expressa e individualmente deserdado; os outros herdeiros seus de ambos os sexos podem ser deserdados quer individualmente quer em geral.[20]

22.17. Gai. 2, 124.
22.18. *(Nihil)*.
22.19. *(Nihil)*.
22.20. *(Nihil)*.

REGRAS DE ULPIANO   89

22.21. *Postumus filius nominatim exheredandus est; filia postuma ceteraeque postumae feminae vel nominatim vel inter ceteros; dummodo inter ceteris exheredatis aliquid legetur.*

22.21. O filho póstumo deve ser deserdado expressamente; a filha e as outras descendentes póstumas podem ser deserdadas quer individualmente quer em geral, contanto que neste último caso se lhes deixe algo por legado.[21]

22.22. *Nepotes et pronepotes ceterique masculi postumi praeter filium vel nominatim vel inter ceteros cum adiectione legati sunt exheredandi; sed tutius est tamen nominatim eos exheredari; et id observatur magis.*

22.22. Os netos, bisnetos e os demais póstumos varões, que não o filho, podem ser deserdados individualmente ou em geral, deixando-se-lhes um legado; mas é mais seguro deserdá-los individualmente, como, aliás, se usa mais.[22]

22.23. *Emancipatos liberos quamvis iure civili neque heredes instituere neque exheredare necesse sit, tamen praetor iubet, si non instituantur heredes, exheredari, masculos omnes nominatim, feminas vel inter ceteros; alioquin contra tabulas bonorum possessionem eis pollicetur.*

22.23. Embora, segundo o direito civil, não seja preciso nem instituir nem deserdar os filhos emancipados, o pretor manda deserdá-los, se não forem instituídos herdeiros: a deserdação dos homens deve ser individual, a das mulheres pode ser geral; não sendo assim, o pretor promete-lhes a posse dos bens contra o testamento.[23]

22.24. *Inter necessarios heredes, id est servos cum libertate heredes scriptos, et suos et necessarios, id est liberos, qui in potestate sunt, iure civili nihil interest: nam utrique etiam inviti heredes sunt.*

22.21. Gai. 2, 130.
22.22. *(Nihil).*
22.23. Gai. 2, 135; Ulp. 28, 2.

90   REGRAS DE ULPIANO

Sed iure praetorio suis et necessariis heredibus abstinere se a parentis hereditate permittitur; necessariis autem tantum heredibus abstinendi potestas non datur.

22.24. Não há, em face do direito civil, nenhuma diferença entre os herdeiros necessários, *i.e.*, os escravos nomeados herdeiros com a liberdade, e os herdeiros seus e necessários, *i.e.*, os filhos sob pátrio poder; pois se tornam herdeiros mesmo contra a vontade. Mas, por direito pretoriano, permite-se que os herdeiros seus e necessários se abstenham da herança do ascendente; pelo contrário, não se dá tal poder aos que são somente herdeiros necessários.[24]

> **22.25.** *Extraneus heres si quidem cum cretione sit heres institutus, cernendo fit heres; si vero sine cretione, pro herede gerendo.*

22.25. O estranho, instituído herdeiro com *cretio*, torna-se herdeiro fazendo a *cretio*; mas se o for sem *cretio*, torna-se herdeiro se se comportar como tal.[25]

> **22.26.** *Pro herede gerit, qui rebus hereditariis tamquam dominus utitur, velut qui auctionem rerum hereditariarum facit, aut servis hereditariis cibaria dat.*

22.26. Comporta-se como herdeiro quem dispõe das coisas hereditárias à maneira do dono, por exemplo, pondo-as em leilão ou tratando da mantença dos escravos hereditários.[26]

> **22.27.** *Cretio est certorum dierum spatium, quod datur instituto heredi ad deliberandum, utrum expediat ei adire hereditatem nec ne, velut:" titius heres esto cernitoque in diebus centum proximis, quibus scieris poterisq nisi ita creveris, exheres esto".*

22.24. Gai. 2, 158 a 160. A renúncia (*ius abstinendi*), desde que a herança hoje nunca é passiva, depende dos interesses dos credores, arts. 1.812 e 1.813 do CC 2002.

22.25. Gai. 2, 164 segs.: *ideo autem cretio appellata est, quia cernere est quasi decernere et constituere*; Varro, de língua latina, 6, 81 faz derivar a palavra de *cerno, id est cernendo*. Cf. Gai August. 2, 43 a 46. Na evolução do direito romano, a *cretio* indica sucessivamente aceitação formal, aceitação em geral, aceitação expressa solene e não solene, aceitação expressa não solene (Biondi).

22.26. Gai. 2, 166 *in fine*; Paul. 4, 8, 23 (25); D, 29, 2, 20 pr. Ulp..

REGRAS DE ULPIANO 91

22.27. A *cretio* marca um prazo determinado que se fixa ao herdeiro instituído para que resolva se vai ou não adir a heranças; por exemplo: "Tício, sê meu herdeiro e faze a *cretio* dentro dos próximos cem dias, nos quais saberás e poderás, se não fizeres *cretio*, sê deserdado".[27]

> *22.28.* *"Cernere" est verba cretionis dicere ad hunc modum: "quod me maevius heredem instituit, eam hereditatem adeo cernoque".*

22.28. Fazer a *cretio* significa pronunciar as seguintes palavras: "Pois que Mévio me instituiu herdeiro, faço adição e *cretio* da herança".[28]

> *22.29.* *Sine cretione heres institutus si constituerit, nolle se heredem esse, statim excluditur ab hereditate, et amplius eam adire non potest.*

22.29. Se o herdeiro instituído sem *cretio* estabelecer que não quer ser herdeiro, fica imediatamente excluído da herança e não pode mais adi-la.[29]

> *22.30.* *Cum cretione vero heres institutus sicut cernendo fit heres, ita non aliter excluditur, quam si intra diem cretionis non creverit: ideoque etiamsi constituerit, nolle se heredem esse, tamen, si supersint dies cretionis, paenitentia actus cernendo heres fieri potest.*

22.30. Pelo contrário, o instituído sem *cretio*, assim como se torna herdeiro fazendo-a, fica excluído se não fizer a *cretio* dentro do prazo. Por isso, mesmo tendo estabelecido que não quer ser herdeiro, estando ainda dentro do prazo, pode tornar-se herdeiro se, arrependido, fizer a *cretio*.[30]

> *22.31.* *Cretio aut vulgaris dicitur aut continua: vulgaris, in qua adiciuntur haec verba: "quibus scieris poterisque"; continua, in qua non adiciuntur.*

22.27. Gai. 2, 165. 170.
22.28. Gai. 2, 166.
22.29. Gai. 2, 169. Buckland observa que a modificação do texto clássico é infeliz.
22.30. Gai. 2, 168; Gai August. 2, 49 e 50.

92 REGRAS DE ULPIANO

22.31. A *cretio* ou é vulgar ou contínua: vulgar, quando se a-crescentam as palavras "nos quais saberás e poderás"; contínua, quando isso não se dá.[31]

> **22.32.** *Ei, qui vulgarem cretionem habet, dies illi dumtaxat computantur, quibus scivit, se heredem institutum esse, et potuit cernere; ei vero, qui continuam habet cretionem, etiam illi dies computantur, quibus ignoravit se heredem institutum, aut scivit quidem, sed non potuit cernere.*

22.32. Para aquele que tem a *cretio* vulgar conta-se o prazo apenas a partir de quando ficou ciente de ter sido instituído herdeiro e pode fazer *cretio*; para aquele que tem a *cretio* contínua, o prazo corre, mesmo que ignore ter sido instituído ou, sabendo-o, não tenha podido fazer a *cretio*.[32]

> **22.33.** *Heredes aut instituti dicuntur aut substituti: instituti, qui primo gradu scripti sunt; substituti, qui secundo gradu vel sequentibus heredes scripti sunt, velut: "titius heres esto cernitoque in diebus proximis centum, quibus scies poterisq nisi ita creveris, exheres esto. Tunc mevius heres esto cernitoque in diebus et reliqua". Similiter et deinceps substitui potest.*

22.33. Há herdeiros instituídos e substitutos. São instituídos os nomeados em primeiro lugar, substitutos os designados em segundo lugar ou em graus ulteriores, por exemplo: "Tício, sê herdeiro e faze *cretio* dentro dos próximos cem dias, nos quais saberás e poderás; não o fazendo, sê deserdado. Neste caso, Mévio, sê herdeiro e faze a *cretio* dentro (...)" etc. Da mesma forma se fazem as outras substituições.[33]

> **22.34.** *Si sub inperfecta cretione heres institutus sit, id est non adiectis his verbis: "si non creveris, exheres esto", sed si ita: "si non creveris, tunc mevius heres esto", cernendo quidem superior inferiorem*

22.31. Gai. 2, 171. O prazo da *cretio vulgaris* corre em favor do herdeiro cf. art. 133; na *cretio continua*, em favor do substituto, cf. art. 1.807 do CC 2002.

22.32. Gai. 2, 172.

22.33. Gai. 2, 174 a 178; D. 28, 6, 1 Modestinus.

REGRAS DE ULPIANO 93

excludit; non cernendo autem, sed pro herede gerendo in partem admittit substitutum: sed postea divus marcus constituit, ut et pro herede gerendo ex asse fiat heres. Quodsi neque creverit, neque pro herede gesserit, ipse excluditur, et substitutus ex asse fit heres.

22.34. Se o herdeiro for instituído com uma *cretio* imperfeita, *i.e.*, sem as palavras "se não fizeres a *cretio*, sê deserdado", mas assim, "se não fizeres a *cretio*, então que seja Mévio o herdeiro", fazendo a *cretio*, o instituído exclui o substituto, ao passo que, comportando-se como herdeiro, este é admitido numa parte. Mas, posteriormente, o divino Marco determinou que, mesmo comportando-se como herdeiro, o instituído se torne herdeiro no todo. Porém, se não fizer a *cretio* nem se comportar como herdeiro, o mesmo se exclui e o substituto se torna herdeiro da totalidade.[34]

23. QUEMADMODUM TESTAMENTA RUMPUNTUR

23. DE QUE MODO SE ROMPEM OS TESTAMENTOS

23.1. *Testamentum iure factum infirmatur duobus modis, si ruptum aut inritum factum sit.*

23.1. O testamento feito segundo a lei se invalida em dois modos, tornando-se *ruptum* ou *irritum*.[1]

23.2. *Rumpitur testamentum mutatione, id est, si postea aliud testamentum iure factum sit; item agnatione, id est, si suus heres agnascatur, qui*

22.34. Gai. 2, 177 que ignora a constituição de Marco; cf. Ulp. 22, 27. Cf. Ulp. 1,1.

23.1. Gai. 2, 138 a 151; Inst. 2, 17 pr. No direito romano a terminologia em matéria de nulidade ou anulabilidade dos atos jurídicos é oscilante; mas nem os juristas modernos chegaram a um acordo sobre o ponto. Quanto ao testamento, os romanos dizem *iniustum* (*non iure factum*), quando falta a forma legal ou a capacidade do *de cujus* ou do herdeiro; *inutile* (*nullius momenti*), no caso de Ulp. 22, 16; *desertum*, se o herdeiro renuncia ou morre antes da aceitação. Os intérpretes distinguem entre causas originárias e sucessivas de invalidade; Ulp. indica apenas as posteriores à feitura do testamento, baseando-se em Gai. 2, 146; cf. D. 28, 3, 1, Papin.

94 REGRAS DE ULPIANO

> *neque heres institutus, neque ut oportet exheredatus sit.*

23.2. O testamento rompe-se mudando, *i.e.*, se posteriormente se fizer outro testamento válido; rompe-se também pela agnação, *i.e.*, se aparecer um herdeiro seu que não tenha sido, como é preciso, nem instituído herdeiro nem deserdado.[2]

> **23.3.** *Agnascitur suus heres aut agnascendo, aut adoptando, aut in manum conveniendo, aut in locum sui heredis succedendo, velut nepos mortuo filio vel emancipato, aut manumissione, id est, si filius ex prima secundave mancipatione manumissus reversus sit in patris potestatem.*

23.3. Aparece um herdeiro seu ou nascendo ligado por agnação; ou em virtude de adoção; ou pela *conventio in manum*; ou sucedendo no lugar do próprio herdeiro, como o neto, desde que o filho do *de cuius* tenha morrido ou sido emancipado; ou ainda pela manumissão, quer dizer se o filho, manumitido depois da primeira ou segunda mancipação, recair sob o pátrio poder do testador.[3]

> **23.4.** *Inritum fit testamentum, si testator capite diminutus fuerit, aut si iure facto testamento nemo extiterit heres.*

23.4. Torna-se *irritum* o testamento se o testador sofrer a *capitis deminutio*, ou se não se apresentar nenhum herdeiro contemplado no testamento válido.[4]

> **23.5.** *Si is, qui testamentum fecit, ab hostibus captus sit, testamentum eius valet, si quidem reversus fuerit, iure postliminii; si vero ibi decesserit, ex lege Cornelia, quae perinde successionem eius confirmat, atque si in civitate decessisset.*

23.5. Se o testador for capturado pelos inimigos, mas depois voltar, seu testamento é válido pelo direito do postlimínio; se

---

23.2. Gai. 2, 144.151; Inst. 2, 17, 2.
23.3. Gai. 2, 133. 138. 139. 141 (cf. 3, 6); Paul. 4, 8, 7.
23.4. Gai. 2, 146.

REGRAS DE ULPIANO

morrer no cativeiro, é válido pela *Lei Cornélia*, que confirma a sucessão como se o falecimento tivesse ocorrido no país.[5]

23.6. *Si septem signis testium signatum sit testamentum, licet iure civili ruptum vel irritum factum sit, praetor scriptis heredibus iuxta tabulas bonorum possessionem dat, si testator et civis Romanus et suae potestatis, cum moreretur, fuit; quam bonorum possessionem cum re, id est cum effectu, habent, si nemo alius iure heres sit.*

23.6. No caso de o testamento conter as assinaturas de sete testemunhas, embora *ruptum* ou *irritum* por direito civil, o pretor dá aos herdeiros nomeados a posse dos bens segundo o testamento, desde que o testador, ao morrer, esteja no gozo da cidadania romana e de seus direitos; não havendo nenhum outro herdeiro pela lei, os herdeiros nomeados têm a posse dos bens *cum re, i.e.*, efetiva.[6]

23.7. *Liberis inpuberibus in potestate manentibus, tam natis quam postumis, heredes substituere parentes possunt duplici modo, id est aut eo, quo extraneis, ut, si heredes non extiterint liberi, substitutus heres fiat aut proprio iure, ut si post mortem parentis heredes facti intra pubertatem decesserint, substitutus heres fiat.*

23.7. De dois modos os pais podem nomear substitutos dos filhos impúberes sob seu poder, nascidos ou póstumos: ou de forma que, não se apresentando os filhos, o substituto suceda como a estranhos; ou de forma que o substituto suceda por direito próprio, se os instituídos depois da morte do pai falecerem impúberes.[7]

23.5. Paul. 3, 4 a, 8; Inst. 2, 12, 5. Gaio menciona o *ius postliminii* apenas no que diz respeito ao pátrio poder (1, 129 cf. Ulp. 10, 4) e à tutela (1, 187); não faz referência à *Lei Cornelia de captivis*. Cf. D. 28, 6, 28 Jul.: *quae testamenta eorum, qui in hostium potestate decesserunt, confirmat.*

23.6. Gai. 2, 119. 147 (Inst. 2, 17, 6); Ulp. 28, 6.

23.7. Gai. 2, 179 a 183; cf. art. 1.949 do CC 2002 onde é decisiva a vontade do testador. A substituição pupilar, abolida pelo legislador brasileiro, é indicada como derivada do costume, cf. Ulp. 1, 4. Visa evitar que, morrendo o filho antes de chegar à idade necessária para ter a capacidade de testar, se abra sua sucessão legítima.

REGRAS DE ULPIANO

23.8. *Etiam exheredatis filiis substituere parentibus licet.*

23.8. Os pais podem nomear substitutos também dos filhos que deserdaram.[8]

23.9. *Non aliter inpuberi filio substituere quis heredem potest, quam si sibi quis heredem instituerit vel ipsum filium vel quemlibet alium.*

23.9. Não se pode nomear substituto do filho impúbere, a não ser que se nomeie um herdeiro, seja o próprio filho seja outro qualquer.[9]

23.10. *Milites quomodocumque fecerint testamenta, valent, id est etiam sine legitima observatione. Nam principalibus constitutionibus permissum est illis, quomodocumque vellent, quomodocumque possent, testari. Idque testamentum, quod miles contra iuris regulam fecit, ita demum valet, si vel in castris mortuus sit, vel post missionem intra annum.*

23.10. Os testamentos dos militares têm valor de qualquer modo que sejam feitos, *i.e.*, mesmo sem observância da lei. Pois permitiu-se-lhes por constituições imperiais que testassem como quisessem e pudessem. E o testamento feito pelo militar com infração das normas de direito comum só é válido em caso de morte em campanha ou dentro do ano da baixa.[10]

23.8. Gai. 2, 182; Inst. 2, 16,4. Pois por princípio, a eficácia da substituição depende da do testamento. Neste caso o substituto adquire a herança do substituído sem adquirir a do *pater*.

23.9. Inst. 2, 16, 5. O testamento para o filho pressupõe que o testamento do pai seja válido.

23.10. D. 29, 1, 1 pr. Ulp. 45 ad ed.; Gai. 2, 109 e 114; Inst. 2, 11 pr.; cf. Ulp. 1, 20 e 20, 10 D. 29, 1, 13, 2 Ulp.. Os imperadores dispõem que os soldados, na feitura do testamento *iuris vinculis non subiciantur*, C. 6, 21, 3 e que deles *per omnia rata esset voluntas suprema*, D. 40, 5, 42 Maecianus. O instituto do testamento do militar preencheu, na evolução do direito romano, a função de solapar os princípios tradicionais do direito sucessório até a idade pós-clássica, em que tais princípios perderam seu valor. No desenvolvimento do direito moderno o *ius singulare* tem muitas vezes igual sucesso.

REGRAS DE ULPIANO

24. *DE LEGATIS*
24. DOS LEGADOS

24.1. *Legatum est, quod legis modo, id est imperative, testamento relinquitur. Nam ea, quae precativo modo relinquuntur, fideicommissa vocantur.*

24.1. Legado é aquilo que se deixa por testamento à maneira da lei, *i.e.*, com palavras imperativas. Pois aquilo que se deixa de modo exortativo é fideicomisso.[1]

24.2. *Legamus autem quattuor modis: per vindicationem, per damnationem, sinendi modo, per praeceptionem.*

24.2. Os legados são de quatro tipos: *per vindicationem*, *per damnationem*, *sinendi modo*, *per praeceptionem*.[2]

24.3. *Per vindicationem his verbis legamus: "do lego, capito, sumito, sibi habeto".*

24.3. Deixamos um legado *per vindicationem*, dizendo: "Dou, lego, pegue, tome, tenha para si".[3]

24.4. *Per damnationem his verbis: "heres meus damnas esto dare, dato, facito, heredem meum dare iubeo".*

24.4. *Per damnationem*, com as palavras: "Meu herdeiro seja condenado a dar, dê, faça, ordeno que meu herdeiro dê".[4]

24.5. *Sinendi modo ita: "heres meus damnas esto sinere Lucium Titium sumere illam rem sibique habere".*

24.1. Modestino, discípulo de Ulpiano, define o legado: *donatio testamento relicta*, D. 31, 36; cf. Inst. 2, 20, 17. Outra definição de Florentino, D. 30, 116 pr., conexa com o caráter particular (*delibatio hereditatis*). Como freqüentemente se dá no direito romano, também a distinção entre legados e fideicomissos se apresenta baseada nas respectivas formalidades; desaparecendo as formalidades (D. 30, 1), evidencia-se mais nitidamente a diferença de fundo entre os dois institutos, *i.e.*, o caráter direto ou indireto da disposição *mortis causa*.

24.2. Gai. 2, 192. Os tipos não existem mais no direito de Justiniano: Inst. 2, 20, 2. No moderno, o legado tem, ao mesmo tempo, efeitos reais e pessoais.

24.3. Gai. 2, 193. É o legado com efeitos reais.

24.4. Gai. 2, 201. É o legado com efeitos obrigacionais.

98 REGRAS DE ULPIANO

24.5. *Sinendi modo*, assim: "Meu herdeiro seja condenado a permitir que Lúcio Tício tome aquela coisa para si".[5]

24.6. *Per praeceptionem sic: "Lucius Titius illam rem praecipito".*

24.6. *Per praeceptionem*: "Lúcio Tício pegue aquela coisa, preferindo aos outros".[6]

24.7. *Per vindicationem legari possunt res, quae utroque tempore ex iure Quiritium testatoris fuerunt, mortis, et quo testamentum faciebat, praeterquam si pondere, numero, mensura contineantur; in his enim satis est, si vel mortis dumtaxat tempore fuerint ex iure Quiritium.*

24.7. Podem-se deixar por legado *per vindicationem* as coisas que pertenceram por direito quiritário ao testador nos dois momentos, no da morte e no da feitura do testamento, exceto as coisas que se pesam, se contam ou se medem: pois, quanto a estas, basta que sejam propriedade quiritária apenas no momento da morte.[7]

24.8. *Per damnationem omnes res legari possunt, etiam quae non sunt testatoris, dummodo tales sint, quae dari possint.*

24.8. *Per damnationem* se podem deixar todas as coisas, mesmo as alheias, contanto que sejam suscetíveis de serem dadas.[8]

24.9. *Liber homo aut res populi aut sacra aut religiosa nec per damnationem legari potest, quoniam dari non potest.*

24.5. Gai. 2, 209. É o legado que acarreta ao herdeiro uma obrigação de não fazer (art. 250 do CC 2002), *i.e.*, não impedir que o legatário tome a coisa legada.

24.6. Gai. 2, 216. Segundo a doutrina dos Sabinianos (Gai. 2, 217) tal legado é possível só em favor de um dos co-herdeiros; para os Proculianos, também em favor de estranhos, Gai. 2, 221.

24.7. Gai. 2, 196. 202; arts. 1.912 e 1.915 do CC 2002.

24.8. Gai. 2, 202. O legado com efeitos obrigacionais, como todas as obrigações, pode ter por objeto coisa alheia: se o herdeiro não consegue comprar a coisa, pagará ao legatário seu valor; cf. Gai. 2, 262; Ulp. 2, 11.

REGRAS DE ULPIANO 99

24.9. Homem livre e coisa pública, sagrada ou religiosa, não se pode legar *per damnationem*, por não ser suscetível de se dar.[9]

24.10. *Sinendi modo legari possunt res propriae testatoris et heredis eius.*

24.10. Deixam-se por legado *sinendi modo* as coisas de propriedade do testador ou de seu herdeiro.[10]

24.11. Per praeceptionem legari possunt res, quae etiam per vindicationem.

24.11. *Per praeceptionem* podem-se legar as mesmas coisas que *per vindicationem.*[11]

24.11-a. *Si ea res, quae non fuit utroque tempore testatoris ex iure Quiritium, per vindicationem legata sit, licet iure civili non valeat legatum, tamen senatus consulto Neroniano firmatur; quo cautum est, ut quod minus pactis "aptis" verbis legatum est, perinde sit, ac si optimo iure legatum esset: optimum autem ius legati per damnationem est.*

24.11-a. Se a coisa que não pertenceu por direito quiritário ao testador naqueles dois momentos for legada *per vindicationem*, o legado, embora não valha por direito civil, torna-se válido pelo senatusconsulto Neroniano, o qual determinou que o legado feito com palavras não rituais se considerasse como deixado pela melhor forma; e esta melhor forma é a do legado *per damnationem.*[11-a]

24.9. Cf. D. 30, 39, 9 Ulp.: *furiosi est talia legata testamento adscribere;* Inst. 2, 24, 4: *nullius momenti legatum est.*

24.10. Gai. 2, 210; onde se considera este legado como intermediário entre o com efeitos reais, pelo qual não se podem deixar as coisas do herdeiro, e o com efeitos obrigacionais, pelo qual se pode deixar também coisas de estranhos. Hoje também a distinção entre a servidão e a obrigação de não fazer assinala o limite da diferença entre direitos reais e obrigacionais.

24.11. A opinião dos Proculianos prevaleceu depois da constituição de Adriano, Gai. 2, 221.

24.11-a. Gai. 2, 197; Vat, 85. O S. C. Neroniano é da metade do 1° século d.C. e constitui o fator que mais contribuiu para a unificação dos vários tipos de legados.

REGRAS DE ULPIANO

24.12. *Si duobus eadem res per vindicationem legata sit, sive coniunctim velut "Titio hominem Stichum do lego, seio eundem hominem do lego", iure civili concursu partes fiebant; non concurrente altero pars eius alteri adcrescebat: sed post legem Papiam Poppaeam non capientis pars caduca fit.*

24.12. Legando-se *per vindicationem* a mesma coisa a duas pessoas, conjuntamente, assim: "Dou, lego o escravo Stico a Tício e Seio", ou separadamente, assim: "Dou, lego o escravo Stico a Tício; dou, lego o mesmo escravo a Seio", por direito civil as partes correspondiam ao número das pessoas beneficiadas, e cada uma delas tinha o direito de acrescer em face das outras; mas após a *Lei Pápia Popea*, a parte daquele que não toma o legado torna-se caduca.[12]

24.13. *Si per damnationem eadem res duobus legata sit, si quidem coniunctim, singulis partes debentur et non capientis pars iure civili in hereditate remanebat, nunc autem caduca fit; quodsi disiunctim, singulis solidum debetur.*

24.13. Deixando-se *per damnationem*, conjuntamente, a duas pessoas, a mesma coisa, cada uma pode exigir sua parte; por direito civil a parte daquele que não tomava o legado permanecia com os herdeiros, mas agora caduca; se o legado for feito separadamente, cada um dos beneficiários pode exigir o inteiro.[13]

24.14. *Optione autem legati per vindicationem data, legatarii electio est, veluti: "hominem optato, elegito", idemque est et si tacite (...) hominem (...) heres (...) hominem dare, heredis electio est, (...) velit dare.*

24.14. Num legado *per vindicationem*, sendo dada a faculdade de escolher assim: "Opte por um dos escravos, escolha-o", tal faculdade cabe ao legatário. O mesmo se aplica se o

---

24.12. Gai. 2, 199. 206. Sobre o direito de acrescer entre colegatários cf. art. 1.942 do CC.

24.13. Gai. 2, 205. 206. O primeiro caso dá lugar a obrigações parciais do herdeiro; o segundo, a obrigação solidária cumulativa.

REGRAS DE ULPIANO

poder de optar for conferido tacitamente, do modo seguinte: "Dou, lego a Tício um escravo". Porém, no legado *per damnationem*, dizendo "meu herdeiro seja condenado a dar um escravo", é ao herdeiro que cabe escolher qual ele quer dar.[14]

24.15. *Ante heredis institutionem legari non potest, quoniam et potestas testamenti ab heredis institutione incipit.*

24.15. Não se pode fazer o legado antes da instituição do herdeiro, pois é com esta que o testamento vai adquirir força e valor.[15]

24.16. *Post mortem heredis legari non potest, ne ab heredis herede legari videatur, quod iuris civilis ratio non patitur. In mortis autem heredis tempus legari potest, velut "cum heres moriatur".*

24.16. Não se pode dispor que o legado seja dado depois da morte do herdeiro, pois de outro modo haveria um legado a cargo do herdeiro do herdeiro, e isso não se compadece com a razão do direito civil. Pode-se deixar um legado para a época da morte do herdeiro, dizendo: "Quando o herdeiro morrer".[16]

24.17. *Poenae causa legari non potest. Poenae autem causa legatur, quod coercendi heredis causa relinquitur, ut faciat quid aut non faciat, non ut ad legatarium pertineat, ut puta hoc modo: "si filiam tuam in matrimonio titio conclaveris, decem milia seio dato."*

24.14. Inst. 2, 20, 33. No legado que atribui a ação real, a escolha deve necessariamente caber ao legatário que aciona firmando seu direito sobre *uma* coisa determinada; no legado com efeitos obrigacionais, a escolha pertence, segundo o princípio de liberdade, ao obrigado. No direito de Justiniano cf. Inst. 2, 20, 22. De modo semelhante no direito moderno a escolha cabe ao onerado, arts. 1.929 e 1.932 do CC 2002.

24.15. Gai. 2, 229; D. 28, 6, 1, 3 Modestino; Paul. 3, 6, 2; cf. Ulp. 2, 19; 25, 8. A norma é abolida no direito de Justiniano, Inst. 2, 20, 34.

24.16. Gai. 2, 232; Paul 3, 6, 5 e 6. Finge-se, usando esta fórmula, que se deixa o legado para o último momento da vida, como na fórmula da estipulação, Gai. 3, 100. Justiniano admite a validade de qualquer expressão do testador, C. 8, 37 (38) 11; Inst. 2, 20, 35.

102   REGRAS DE ULPIANO

24.17. Não se pode deixar um legado a título de pena. Tal legado é feito para constranger a fazer ou não fazer alguma coisa, e não para vantagem do legatário; por exemplo: "Se casares tua filha com Tício, dá dez mil a Seio".[17]

> *24.18. Incertae personae legari non potest, veluti "quicumque filio meo filiam suam in matrimonio conlocaverit, ei heres meus tot milia dato." Sub certa tamen demonstratione incertae personae legari potest, velut "ex cognatis meis, qui nunc sunt, qui primus ad funus meum venerit, ei heres meus illud dato."*

24.18. Não se pode deixar um legado a pessoa incerta, como: "A quem casar sua filha com meu filho, que meu herdeiro dê tantos mil". Pode-se legar a pessoa incerta desde que seja encarada de modo determinado, como: "Àquele dos meus parentes agora vivos, que primeiro vier ao meus funerais, que meu herdeiro dê isso".[18]

> *24.19. Neque ex falsa demonstratione, neque ex falsa causa legatum infirmatur. Falsa demonstratio est velut "titio fundum, quem a titio emi, do lego," cum is fundus a titio emptus non sit. Falsa causa est velut "titio, quoniam negotia mea curavit, fundum do lego," ut negotia eius numquam titius curasset.*

24.19. O legado não se invalida, por falsidade de representação dos fatos ou da causa. Falsa representação dos fatos, por exemplo: "Dou, lego a Tício o terreno que comprei de Tício", quando não for comprado dele. Falsa causa: "Dou, lego a Tício o terreno, pois que cuidou dos meus negócios", quando jamais Tício cuidou destes negócios.[19]

24.17. Gai. 2, 235. 288; Inst. 2, 20, 36 (Sabino); Ulp. 25, 13. A pessoa do beneficiado é indiferente para o testador, pois este legado visa apenas punir o herdeiro que infringe sua cláusula. Para Justiniano são todos válidos, C. 6, 41, 1; Inst. 2, 20, 36: *exceptis his videlicet quae impossibilia sunt vel legibus interdicta aut alias probosa.*

24.18. Gai. 2, 238. 241. 242; Paul. 3, 6, 13; D. 50, 16, 70; Inst. 2, 20, 25 cf. Ulp. 25, 13; arts. 1.900, II e III e 1.901 do CC 2002.

24.19. Inst. 2, 20, 30 e 31: *falsa demonstratio nom nocet.* A regra moderna está contida no art. 140 do CC: "Só vicia o ato a falsa causa quando expressa como razão determinante ou sob forma de condição".

REGRAS DE ULPIANO 103

24.20. *A legatario legari non potest.*

24.20. Não se pode deixar um legado a cargo do legatário.[20]

24.21. *Legatum ab eo tantum dari potest, qui (...) ideoque filio familiae herede instituto vel servo, neque a patre neque a domino legari potest.*

24.21. Pode-se onerar com um legado apenas quem foi instituído herdeiro; assim, instituindo-se herdeiro o filho familias ou o escravo, não se pode deixar um legado respectivamente a cargo do pai ou do senhor.[21]

24.22. *Heredi a semet ipso legari non potest.*

24.22. Não podemos onerar o herdeiro com um legado para si mesmo.[22]

24.23. *Ei, qui in potestate, manu mancipiove est scripti heredis, sub condicione legari potest, ut requiratur, an, quo tempore dies legati cedit, in potestate heredis non sit.*

24.23. À pessoa que está em poder, *manus* ou mancípio do herdeiro, pode-se deixar um legado sob condição, desde que na época do vencimento a mesma não esteja em poder do herdeiro.[23]

24.24. *Ei, cuius in potestate, manu mancipiove est heres scriptus, legari non potest.*

24.24. À pessoa, sob cujo poder, *manus*, mancípio está o herdeiro nomeado, pode-se deixar um legado.[24]

24.20. Gai. 2, 271. 260. O legado é sempre e unicamente a cargo do herdeiro.

24.21. *(Nihil)*.

24.22. D. 30, 34, 11 Ulp. 21 ad Sab.; Gai. 2, 245: *quia ipse tibi legatum debere non possis.* O princípio tem particular importância na doutrina do prelegado, onde se dá a confusão da pessoa do devedor com a do credor art. 381 do CC 2002.

24.23. Gai. 2, 244; D. 29, 5, 90 Pomponio; Inst. 2, 20, 32. É a doutrina dos Sabinianos que não aplicam a regra catoniana aos legados condicionais. A catoniana (*quod initio vitiosum est non potest tractu temporis convalescere*) hoje não se aplica mais, cf. art. 1.912, pois é demasiado formal; cf. entretanto art. 1.861 do CC 2002.

24.24. Gai. 2, 245. 189; Inst. 2, 20, 33. A solução é contrária à do caso precedente, porque no intervalo entre a morte e a adição o herdeiro pode ser emancipado ou mudar de família. Assim *non* vai eliminado como erro de amanuense.

REGRAS DE ULPIANO

24.25. *Sicut singulae res legari possunt, ita universarum quoque summa legari potest, ut puta hoc modo: "heres meus cum titio hereditatem meam partito, dividito;" quo casu dimidia pars bonorum legata videtur: potest autem et alia pars, velut tertia vel quarta, legari. Quae species "partitio" (...)*

24.25. Assim como se podem legar as coisas uma por uma, podem-se também legar em conjunto; por exemplo: "Que meu herdeiro compartilhe com Tício de minha herança, que a divida"; neste caso há um legado de metade dos bens. O legado, aliás, pode ser da terça ou da quarta parte. A este tipo se chama *partitio*.[25]

24.26. *Ususfructus legari potest iure civili earum rerum, quarum salva substantia utendi fruendi potest esse facultas; et tam singularum rerum, quam plurium, id est partis.*

24.26. Por direito civil pode-se legar o usufruto das coisas suscetíveis de uso e fruição, ficando salva sua substância: e tanto de várias coisas como de uma só ou de parte.[26]

24.27. *Senatus consulto cautum est, ut etiamsi earum rerum, quae in abusu continentur, ut puta vini, olei, tritici, ususfructus legatus sit, legatario res tradantur, cautionibus interpositis de restituendis eis, cum ususfructus ad legatarium pertinere desierit.*

24.27. Um senatusconsulto dispôs que mesmo em se tratando de legado de usufruto de coisas consumíveis, como vinho, azeite, trigo, as mesmas se entreguem ao legatário, que preste caução de restituí-las quando o usufruto deixar de lhe pertencer.[27]

24.25. Gai. 2, 254.257; Ulp. 25, 15; Inst. 2, 23, 5. O *legatum partitionis* era usado para as mulheres (cf. Laudatio Murdiae), pois com ele podia-se burlar a *lex Voconia* de 169 a.C., Gai. 2, 226; cf. também D. 28, 6, 39 pr.

24.26. Cf. Inst. 2, 4, 2; D. 7, 5, 7 Gai. A indicação das coisas suscetíveis do legado de usufruto corresponde à definição deste instituto: *ususfructus est ius alienis rebus utendi fruendi salva rerum substantia*, D. 7, 1, 1, 2 Paul.; Inst. 2, 4 pr.

24.27. Não se sabe exatamente a data do senatusconsulto que introduziu o quase usufruto. Sendo conhecido por Sabino, situa-se no início do Principado, cf. D. 7, 5, 5, 1. Na definição moderna de usufruto, foi eliminado o requisito de as coisas serem inconsumíveis, cf. art. 1.392, § 1º do CC 2002.

REGRAS DE ULPIANO 105

24.28. *Civitatibus omnibus, quae sub imperio populi Romani sunt, legari potest; idque a divo nerva introductum, postea a senatu auctore hadriano diligentius constitutum est.*

24.28. Pode-se legar a qualquer cidade que esteja sob o império do povo romano; e isto foi introduzido pelo divino Nerva, tendo sido depois com mais exatidão regulado por um senatusconsulto de iniciativa de Adriano.[28]

24.29. *Legatum, quod datum est, adimi potest vel eodem testamento, vel codicillis testamento confirmatis; dum tamen eodem modo adimatur, quo modo datum est.*

24.29. Tanto por testamento, como por codicilo confirmado por testamento, pode-se revogar o legado que se deu, contanto que se revogue do mesmo modo por que se deu.[29]

24.30. *Ad heredem legatarii legata non aliter transeunt, nisi si iam die legatorum cedente legatarius decesserit.*

24.30. Os legados passam ao herdeiro do legatário somente se este morrer depois que lhe haver sido conferido o direito de pedir a coisa legada.[30]

24.28. Ulp. 22, 5. A norma deriva da aproximação entre legados e fideicomissos que se foi afirmando desde o período clássico, pois não há nenhuma dificuldade em admitir um fideicomisso (disposição indireta) em favor de pessoa jurídica.

24.29. Ulp. 2, 12; Inst. 2, 21 pr. O *contrarius actus* é indispensável em todos os atos jurídicos formais, por exemplo, *diffarreatio, acceptilatio.* Cf. art. 472 do CC 2002.

24.30. Cf. D. 36, 2, 5, 1 Ulp. 20 ad Sab. *Dies cedit* indica "o momento se aproxima", *dies venit* significa "o momento chegou". Quanto à aquisição dos legados e dos fideicomissos, o *dies cedens* é o momento em que o direito do beneficiado se abre; o *dies veniens* o em que o beneficiado adquire definitivamente o direito. Cf. nas relações obrigacionais D. 50, 16, 213 pr. Ulp. O direito ao legado nasce no *dies cedens* e desde então se pode transmitir a outrem. Nos legados deixados pura e simplesmente ou a prazo, segundo o antigo direito, *dies cedit* no momento da morte do testador; segundo a *Lei Pápia*, no momento da abertura do testamento. Quando o legado for subordinado à condição, *dies cedit* no momento em que a condição se verifica. A exceção relativa à *Lei Pápia* (Ulp. 17, 1) desapareceu no direito de Justiniano com a supressão das leis caducárias, C. 6, 51, 1, c. No direito moderno, o legado confere desde a morte do testador o direito, transmissível aos seus sucessores, de pedir a coisa legada; mas o legatário não pode entrar na posse dela por autoridade própria.

106 REGRAS DE ULPIANO

24.31. *Legatorum, quae pure vel in diem certum relicta sunt, dies cedit antiquo quidem iure ex mortis testatoris tempore; per legem autem Papiam poppaeam ex apertis tabulis testamenti; eorum vero, quae sub condicione relicta sunt, cum conditio extiterit.*

24.31. Por direito antigo, o legado deixado pura e simplesmente ou com prazo confere o direito de pedir a coisa legada desde a morte do testador; pela *Lei Pápia Popea*, desde a abertura do testamento; mas, em se tratando de coisas deixadas sob condição, o legatário tem o direito quando se verifique a condição.[31]

24.32. *Lex Falcidia iubet, non plus quam dodrantem totius patrimonii legari, ut omnimodo quadrans integer apud heredem remaneat.*

24.32. A *Lei Falcídia* proíbe que se deixe por legado mais de três quartos do patrimônio, de forma que o herdeiro fique sempre com a quarta parte íntegra.[32]

24.33. *Legatorum perperam solutorum repetitio non est.*

24.33. Não se dá repetição dos legados pagos por erro.[33]

25. DE FIDEICOMMISSIS

25. DOS FIDEICOMISSOS

25.1. *Fideicommissum est, quod non civilibus verbis, sed precative relinquitur, nec ex rigore iuris civilis proficiscitur, sed ex voluntate datur relinquentis.*

24.31. *(Nihil).*

24.32. Gai. 2, 227; Inst. 2, 22 pr.. A *Lei Falcídia* é de 40 a.C.

24.33. Gai. 2, 283; Inst. 3, 27, 7. No direito clássico a norma se aplicava apenas ao legado *per damnationem*; Justiniano a estendeu aos legados deixados às igrejas. O motivo da proibição da *condictio indebiti* nos casos em que *lis infitiando crescit* é muito discutido. Recentemente Dull, comparando o direito romano com outros direitos da Antigüidade, nega a possibilidade de achar um princípio dogmático comum a todas as hipóteses em que a condenação constitui um múltiplo do valor.

REGRAS DE ULPIANO

25.1. Fideicomisso é o que se deixa não com palavras formais, mas de modo exortativo; não procede do rigor do direito civil, e sim é pela vontade do *de cuius* que se dá.[1]

> **25.2.** *Verba fideicommissorum in usu fere haec sunt: "fideicommitto", "peto", "volo dari" et similia.*

25.2. Estas em geral são as palavras usadas nos fideicomissos: "Confio à tua fé, peço, quero que se dê" e semelhantes.[2]

> **25.3.** *Etiam nutu relinquere fideicommissum in usu receptum est.*

25.3. O uso acabou admitindo que se pudesse deixar um fideicomisso mesmo por simples gesto.[3]

> **25.4.** *Fideicommissum relinquere possunt, qui testamentum facere possunt, licet non fecerint: nam intestatus quis moriturus fideicommissum relinquere potest.*

25.4. Podem deixar um fideicomisso as pessoas que, embora não tenham feito testamento, gozam, entretanto, da capacidade de testar. Pois quem morre intestado pode deixar um fideicomisso.[4]

> **25.5.** *Res per fideicommissum relinqui possunt, quae etiam per damnationem legari possunt.*

25.5. Podem ser deixadas por fideicomisso as mesmas coisas suscetíveis de o serem por legado *per damnationem*.[5]

> **25.6.** *Fideicommisa dari possunt his, quibus legari potest.*

25.6. Os fideicomissos se podem dar às mesmas pessoas às quais se pode legar.[6]

25.1. Ulp. 24, 1; 25, 9; Inst. 2, 23, 1 e 12; Inst. 2, 20, 3.

25.2. Gai. 2, 249; Paul. 4, 1, 5 e 6.

25.3. Gai. 2, 269; Ulp. Proem. 4.

25.4. Cf. D. 30, 2 Ulp. 1 fideic.; Gai. 2, 270.

25.5. Gai. 2, 260 a 262; Ulp. 24, 8.

25.6. Gai. 2, 285 a 288. O motivo principal do grande uso dos fideicomissos foi a *incapacitas* de algumas pessoas; visto que com o fideicomisso se burlava lei, todas as diferenças com o legado neste ponto caíram cedo. Cf. Ulp. 25, 17.

108 REGRAS DE ULPIANO

> *25.7. Latini Iuniani fideicommissum capere possunt, licet legatum capere non possint.*

25.7. Os latinos junianos podem tomar um fideicomisso, ainda que não um legado.[7]

> *25.8. Fideicommissum et ante heredis institutionem, et post mortem heredis, et codicillis etiam confirmatis testamento dari potest, licet legari non possit.*

25.8. Pode-se dar um fideicomisso quer antes da instituição do herdeiro, quer depois da morte deste, quer por codicilos não confirmados por testamento, embora não se possa deixar um legado em nenhum destes casos.[8]

> *25.9. Item Graece fideicommissum scriptum valet, licet legatum Graece scriptum non valeat.*

25.9. Também é válido um fideicomisso escrito em grego, se bem que não o seja um legado.[9]

> *25.10. Filio, qui in potestate est, servove heredis institutis, seu his legatum sit, partis vel domini fidei committi potest, quamvis ab eo legari non possit.*

25.10. Instituindo-se herdeiros um filho sob pátrio poder ou um escravo, ou também legando-se-lhes algo, pode-se encarregar de um fideicomisso respectivamente o pai do primeiro ou o senhor do segundo, embora estes não possam ser onerados com um legado.[10]

> *25.11. Qui testamento heres institutus est, codicillis etiam non confirmatis rogari potest, vel ut hereditatem totam vel ex parte alii restituat, quamvis directo heres institui ne quidem confirmatis codicillis possit.*

25.11. A quem foi instituído herdeiro por testamento pode-se rogar, mesmo em codicilos não confirmados, que restitua a

---

25.7. Gai. 2, 275. A norma é da própria *Lei Júnia*, cf. Ulp. 1, 10; 17, 1; 20, 2; 20, 8 e 14.

25.8. Gai. 2, 270 a; Ulp. 24, 15; 2, 19; Gai. Epit. 2, 7, 8; Inst. 2, 25, 1. O moderno conceito de codicilo é muito mais limitado, cf. art. 1.881 do CC 2002.

25.9. Gai. 2, 281. Cf. D. 32, 11 pr. Ulpianus.

25.10. Ulp. 24, 21.

REGRAS DE ULPIANO 109

outrem toda a herança ou parte dela, embora não se possa instituir diretamente o herdeiro em codicilos, mesmo confirmados.[11]

25.12. *Fideicommissa non per formulam petuntur, ut legata, sed cognitio est Romae quidem consulum aut praetoris, qui "fideicommissarius" vocatur; in provinciis vero praesidum provinciarum.*

25.12. Os fideicomissos, ao contrário dos legados, não se exigem por fórmula: em Roma a competência é dos cônsules ou do pretor fideicomissário, e nas províncias, dos seus governadores.[12]

25.13. *Poenae causa vel incertae personae ne quidem fideicommissa dari possunt.*

25.13. Nem mesmo os fideicomissos se podem dar a título de pena ou a pessoa incerta.[13]

25.14. *Is, qui rogatus est, alii restituere hereditatem, lege quidem Falcidia locum non habente, quoniam non plus puta quam dodrantem restituere rogatus est, ex Trebelliano senatus consulto restituit, ut ei et in eum dentur actiones, cui restituta est hereditas. Lege autem Falcidiae interveniente, quoniam plus dodrantem vel etiam totam hereditatem restituere rogatus sit ex Pegasiano senatus consulto restituit, ut deducta parte quarta ipsi, qui scriptus est heres, et in ipsum actiones conserventur; is autem, qui recipit hereditatem, legatarii loco habeatur.*

25.14. Aquele a quem se pediu que restituísse a outra pessoa a herança, desde que não se aplique a *Lei Falcídia*, porque não deve restituir, por exemplo, mais de três quartos, faz a restituição segundo o senatusconsulto Trebeliano, de forma

---

25.11. Gai. 2, 273; Gai. Epit. 2, 7, 8; Inst. 2, 25, 2.

25.12. Gai. 2, 278; Paul. 4, 1, 18. É a *cognitio extra ordinem* que afinal deveria substituir o processo formular clássico; cf. D. 1, 2, 2, 32 e Inst. 2, 23, 1.

25.13. Gai. 2, 288. 287; Ulp. 24, 17 e 18. Até Adriano, o fideicomisso para pessoa incerta era permitido, Gai. 2, 287.

110 REGRAS DE ULPIANO

que as ações, em que seja autor ou réu, se concedam a essa outra pessoa. Aplicando-se a *Lei Falcídia*, porque se lhe pediu que restituísse além dos três quartos ou toda a herança, ele faz a restituição segundo o senatusconsulto Pegasiano, de forma que, sendo-lhe dado o quarto como herdeiro nomeado, permaneçam as ações contra ele, enquanto quem recebe a herança é tido como legatário.[14]

25.15. *Ex Pegasiano senatus consulto restituta hereditate commoda et incommoda hereditatis communicantur inter heredem et eum, cui reliquae partes restitutae sunt, interpositis stipulationibus ad exemplum partis et pro parte stipulationum. "Partis autem et pro parte stipulationes" proprie dicuntur, quae de lucro et damno communicando solent interponi inter heredem et legatarium partiarum, id est, cum quo partitus est heres.*

25.15. Restituindo-se a herança segundo o senatusconsulto Pegasiano, os bens e as dívidas passivas hereditárias se comunicam entre o herdeiro e aquele a quem foram restituídas as partes remanescentes, intervindo estipulações análogas às estipulações *partis et pro parte*. Assim se chamam propriamente as que o herdeiro e o legatário do quinhão, *i.e.*, o que compartilha da herança com o herdeiro, costumam fazer para se comunicarem as vantagens e prejuízos.[15]

25.16. *Si heres damnosam hereditatem dicat, cogitur a praetore adire et restituere totam, ita ut ei et in eum, qui recipit hereditatem, actiones dentur, proinde atque si ex Trebellia-no senatus consulto restituta fuisset.*

25.16. Se o herdeiro afirmar que a herança é passiva, será obrigado pelo pretor a adi-la e restituí-la toda, de forma que as ações em que seja autor ou réu serão concedidas àquele que

---

25.14. Gai. 2, 254 a 259; Ulp. 24, 25. O S. C. Trebeliano de 56 d.C. e o Pegasiano que lhe é posterior alguns anos (Vespasiano: 59 a 69 d.C.) reconheceram a prática do fiduciário e do fidiocomissário, já firme no *ius honorarium*. Justiniano simplificou o regime, Inst. 2, 23, 6, que originou as normas do art. 1.953 e segs. do CC 2002.
25.15. Ulp. 24, 25; Gai. 2, 254.

REGRAS DE ULPIANO

receber a herança, ou como se houvesse restituição segundo o senatusconsulto Trebeliano. E isso foi disposto pelo senatusconsulto Pegasiano.[16]

25.17. *Si quis in fraudem tacitam fidem accommodaverit, non ut capienti fideicommissum restituat, nec quadrantem eum deducere senatus censuit, nec caducum vindicare ex eo testamento, si liberos habeat.*

25.17. O senado estabeleceu que se uma pessoa dissimulou fraudulentamente a restituição dum fideicomisso em favor de quem não pode tomá-lo, a mesma não possa fazer a dedução do quarto, nem, tendo prole, vindicar a parte que caducou do testamento.[17]

25.18. *Libertas dari potest per fideicommissum.*

25.18. Pode-se dar a liberdade por fideicomisso.[18]

26. DE LEGITIMIS HEREDIBUS

26. DOS HERDEIROS LEGÍTIMOS

26.1. *Intestatorum ingenuorum hereditates pertinent primum ad suos heredes, id est liberos, qui in potestate sunt, ceterosque, qui in liberorum loco sunt; si sui heredes non sunt, ad consanguineos, id est fratres et sorores ex eodem patre; si nec hi sunt, ad reliquos agnatos proximos, id est cognatos virilis sexus , per mares descendentes, eiusdem familiae: id enim cautum est lege Duodecim Tabularum hac: "Si intestato moritur, cui suus heres nec est, agnatus proximus familiam habeto".*

26.1. As heranças dos ingênuos que morrem sem testamento pertencem em primeiro lugar aos herdeiros seus, *i.e.*, aos filhos

---

25.16. Gai. 2, 258; Paul. 4, 4, 4.

25.17. Cf. D. 34, 9, 10 Gai. 15 *ad legem Juliam et Papiam.* A fraude à lei, segundo o S. C. Planciano, D. 35, 2, 59, 1 Modest., é punida negando a Falcídia e o eventual *ius liberorum* quanto às partes caducas.

25.18. Ulp. 2, 7 a 12.

112 REGRAS DE ULPIANO

sob poder e aos que estão em lugar de filhos; faltando herdeiros seus, aos consanguíneos, *i.e.*, irmãos e irmãs por parte de pai; faltando também estes, aos outros agnatos próximos, *i.e.*, aos cognatos varões pela linha paterna por meio de varões. Com efeito, a *Lei das XII Tábuas* dispõe: "Se alguém morrer sem testamento, não tendo herdeiro seu, que o agnato mais próximo fique com a herança".[1]

> ***26.1-a.*** *Si agnatus defuncti non sit, eadem lex duodecim tabularum gentiles ad hereditatem voct his verbis: "Si agnatus nec escit, gentiles familiam habento". Nunc nec gentilicia iura in usu sunt.*

26-1-a. Não havendo um agnato do falecido, a mesma lei chama a sucessão os *gentiles*, assim: "Na falta de agnato, que os *gentiles* fiquem com a herança". Agora o direito gentílico é obsoleto.[1-a]

> ***26.2.*** *Si defuncti sit filius, ex altero filio, mortuo iam, nepos unus vel etiam plures, ad omnes hereditas pertinet, non ut in capita dividatur, sed in stirpes, id est, ut filius solus mediam partem habeat et nepotes, quotquot sunt, alteram dimidiam: aequum est enim, nepotes in patris sui locum succedere et eam partem habere, quam pater eorum, si viveret, habiturus esset.*

26.2. Havendo um filho do falecido e um ou mais netos, filhos de um filho premorto, a herança pertence a todos, mas não por cabeça, e sim por estirpe; *i.e.*, o filho sozinho recebe a metade, e os netos, qualquer que seja seu número, a outra metade; pois é equitativo que os netos sucedam em lugar de seu pai e tenham a parte que seu pai teria, se vivesse.[2]

26.1. Coll. 16, 4, 1 Ulp. lib. sing. regul.; cf. Coll. 16, 6 e 7 Ulp. Inst.; D. 38, 16, 1, 9 e 10 Ulp. 12 *ad Sab.*; D. 38, 16, 2 pr. Ulp. 13 *ad Sab.* No texto correspondente de Coll. 16, 4, 1 fala-se em *gentiles* em lugar de *ingenui*. Gai. 3, 1 é lacunoso, mas cf. Gai. Epit. 2, 8, 1 segs.

26.1-a. O parágrafo inteiro é tirado de Coll. 16, 4, 2. Nos tempos de Gaio se diz *tot um gentilicium ius in desuetudinem abisse*, Gai. 3, 17. Cf. D. 50, 16, 195, 1. Ulp.

26.2. Gai. 3, 8; Gai Epit. 2, 8, 2; Coll. 16, 2, 7 e 8; Inst. 3, 1, 6. É a norma do direito de representação, art. 1.855 do CC 2002.

REGRAS DE ULPIANO

26.3. *Quamdiu suus heres speratur heres fieri posse, tamdiu locus agnatis non est; velut si uxor defuncti praegnans sit, aut filius apud hostes sit.*

26.3. Enquanto se espera que o herdeiro seu possa tornar-se herdeiro, não se chamam os agnatos: como no caso de a mulher do falecido estar grávida ou de o filho estar em mãos dos inimigos.[3]

26.4. *Agnatorum hereditates dividuntur in capita; velut si sit fratris filius et alterius fratris duo pluresve liberi, quotquot sunt ab utraque parte personae, tot fiunt portiones, ut singuli singulas capiant.*

26.4. As heranças dos agnatos repartem-se por cabeça: por exemplo, havendo um filho do irmão e dois ou mais filhos de outro irmão, qualquer que seja o número dos descendentes de um e de outro, cada um destes toma uma parte igual.[4]

26.5. *Si plures eodem gradu sunt agnati, et quidam eorum hereditatem ad se pertinere noluerint, vel antequam adierint, decesserint, eorum pars adcrescit his, qui adierint; quod si nemo eorum adierit, ad insequentem gradum ex lege hereditas non transmittitur, quoniam in legitimis hereditatibus successio non est.*

26.5. Havendo vários agnatos do mesmo grau, se alguns destes não quiserem a herança ou também falecerem antes de adi-la, a sua parte acresce à daqueles que fizeram a adição. Se nenhum deles a tiver feito, pela lei a herança não se transmite ao grau subsequente, pois nas heranças legítimas não há sucessão de graus.[5]

26.6. *Ad feminas ultra consanguineorum gradum legitima hereditas non pertinet; itaque soror fratri sororique legitima heres fit.*

26.3. Gai. 3, 13; D. 38, 7, 5, 1 Modest.; D. 29, 2, 30, 1 Ulp.; D. 38, 16, 2, 6 Ulp.; Inst. 3, 1, 7.

26.4. Gai. 3, 16; Coll. 16, 2, 16 e 16, 3, 19. Isto é, para os agnatos não se admite o direito de representação. Hoje, na linha transversal não se admite além do terceiro grau, art. 1.853 (CC 2002), encarando-se como excepcional.

26.5. Gai. 3, 12; Paul. 4, 8, 24 (26). O pretor, porém, dá a *bonorum possessio ab intestato*, Gai. 3, 22 e 28.

114 REGRAS DE ULPIANO

26.6. A herança legítima não cabe às mulheres além do grau dos consangüíneos; assim a irmã é herdeira legítima do irmão ou da irmã.[6]

> **26.7.** *Ad liberos matris intestatae hereditas ex lege Duodecim Tabularum non pertinebat, quia feminae suos heredes non habent; sed postea imperatorum antonini et commodi oratione in senatu recitata id actum est, ut sine in manum conventione matrum legitimae hereditates ad filios pertineant, exclusis consanguineis et reliquis agnatis.*

26.7. Pela *Lei das XII Tábuas*, a herança daquela que morresse sem testamento não pertencia aos filhos, pois as mulheres não têm herdeiros seus; mas posteriormente, em seguida à proposta apresentada ao senado pelos imperadores Antonino e Cômodo, resolveu-se que as heranças legítimas das mulheres casadas sem *manus* pertençam aos filhos, ficando excluídos os consangüíneos e os outros agnatos.[7]

> **26.8.** *Intestati filii hereditas ad matrem ex lege Duodecim Tabularum non pertinet; sed si ius liberorum habeat, ingenua trium, libertina quattuor, legitima heres fit ex senatus consulto Tertulliano, si tamen ei filio neque suus heres sit quive inter suos heredes ad bonorum possessionem a praetore vocatur, neque pater, ad quem lege hereditas bonorumve possessio cum re pertinet, neque frater consanguineus: quod si soror consanguinea sit, ad utrasque pertinere iubetur hereditas.*

26.8. Pela *Lei das XII Tábuas*, a herança do filho falecido sem testamento não pertence à mãe; mas se esta tem o direito da prole, três filhos sendo ingênua, e quatro sendo liberta, torna-se herdeira legítima pelo senatusconsulto Tertuliano,

---

26.6. Gai. 3, 14; Inst. 3, 2, 3 a. A regra se baseia na *Voconiana ratio*, ou melhor, é inspirada pela *Lei Vocônia* (ano 168 a.C.), que proibia aos que eram registrados na primeira classe do censo instituir herdeiras as mulheres, Gai. 2, 274, tornando-as de fato financeiramente independentes. O pretor, de certo modo, a corrigiu, Gai. 3, 23.

26.7. A *oratio* é o senatusconsulto Orficiano de 178 d.C.; cf. Inst. 3, 4. As mulheres casadas *cum manu* não se aproveitavam do senatusconsulto, pois elas, não sendo *sui iuris*, não podiam suceder aos filhos. Cf. Gai. 3, 24; Paul. 4, 10, 3.

REGRAS DE ULPIANO

desde que o filho não tenha um herdeiro seu, nem um herdeiro da classe dos herdeiros seus que o pretor chama à posse dos bens; o mesmo se dá se não tem pai a quem por lei pertença a herança ou a posse dos bens efetiva, ou um irmão consangüíneo; pois, tendo o filho uma irmã consangüínea, a herança pertence à mãe e à irmã.[8]

27. DE LIBERTORUM SUCCESSIONIBUS VEL BONIS
27. DA SUCESSÃO E DOS BENS DOS LIBERTOS

27.1. Libertorum intestatorum hereditas primum ad suos heredes pertinet deinde ad eos, quorum liberti sunt, velut patronum, patronam liberosve patroni.

27.1. A herança dos libertos falecidos sem testamentos, em primeiro lugar pertence aos herdeiros seus; e depois àqueles que têm o direito de patronato, o patrono, a patrona, os filhos do patrono.[1]

27.2. Si sit patronus et alterius patroni filius, ad solum patronum hereditas pertinet.

27.2. Havendo um patrono e um filho de outro patrono, a herança só cabe ao patrono.[2]

27.3. Item patroni filius patroni nepotibus obstat.

27.3. Assim, o filho do patrono prefere aos netos de outro patrono.[3]

27.4. Ad liberos patronorum hereditas defuncti pertinet ut in capita, non in stirpes, dividatur.

27.4. A herança se devolve aos filhos dos patronos por cabeça, não por estirpe.[4]

26.8. Gai. 3, 33 a. O S. C. Tertuliano é da época de Adriano (117-138 d.C.); cf. Inst. 3, 3, 2.
27.1. D. 38, 16, pr. Ulp. 14 *ad Sab.*; Gai. 3, 40; Inst. 3, 7.
27.2. Gai. 3, 60; Paul. 3, 2, 1; Inst. 3, 7, 3.
27.3. Gai. 3, 60; Paul. 3, 2, 3; Inst. 3, 7, 3.
27.4. *(Nihil).*

REGRAS DE ULPIANO

*27.5. Legitimae hereditatis ius, quod ex lege Duodecim
Tabularum descendit, capitis minutione amittitur.*

27.5. O direito à herança legítima, que provém da *Lei das XII Tábuas*, perde-se por *capitis deminutio*.[5]

28. *DE POSSESSIONIBUS DANDIS*

28. *DE QUANDO SE DÁ A POSSE DOS BENS*

*28.1. Bonorum possessio datur aut contra tabulas tes-
tamenti, aut secundum tabulas, aut intestati.*

28.1. Dá-se a posse dos bens ou contra o testamento ou conforme
ao testamento ou *ab intestato*.[1]

*28.2. Contra tabulas bonorum possessio datur, liberis
emancipatis testamento praeteritis, licet legitimo
ad eos pertineat hereditas.*

28.2. Contra o testamento dá-se aos filhos emancipados preteridos
no testamento, embora não lhes caiba a herança legítima.[2]

*28.3. Bonorum possessio contra tabulas liberis tam na-
turalibus quam adoptivis datur; sed naturalibus
quidem emancipatis, non tamen et illis, qui in a-
doptiva familia sunt; adoptivis autem his tantum,
qui in potestate manserunt.*

28.3. Dá-se também aos descendentes, quer naturais quer adotivos; aos naturais, desde que emancipados, excluindo porém
os filhos naturais dos adotivos; aos adotivos, apenas se per-
maneceram sob pátrio poder.[3]

27.5. Gai. 3, 51. A norma é do mais antigo direito; Cf. Ulp. 28, 9.

28.1. Assim se exprime Justiniano (Inst. 3, 9 pr.): "O instituto da posse dos bens foi introduzido pelos pretores para modificar o antigo direito. E o modificaram não somente, como ficou dito, nas disposições relativas à herança do intestado, mas também no caso
de ter o defunto deixado testamento".

28.2. Ulp. 22, 23. A vocação dos emancipados representa a vitória dos vínculos de sangue
sobre os de direito, *i.e.*, a desagregação do instituto da família romana do *ius civile*, diante
da família baseada nas relações de parentesco natural.

28.3. Ulp. 28, 8. Aos filhos adotivos que foram emancipados não cabe a posse dos bens,
pois *neque quod ad edictum praetoris pertinet, inter liberos enumerantur*, Gai. 2, 136.
Cf. Inst. 3, 12, 4.

REGRAS DE ULPIANO   117

28.4. *Emancipatis liberis ex edicto datur bonorum pos-sessio, si parati sunt cavere fratribus suis, qui in potestate manserunt, bona, quae moriente patre habuerunt, se conlaturos.*

28.4. Por força do edito do pretor, concede-se a posse dos bens aos filhos emancipados, se estes estão dispostos a prestar a seus irmãos, ainda sob pátrio poder, caução de conferir os bens que já tinham recebido quando da morte do pai.[4]

28.5. *Secundum tabulas bonorum possessio datur s-criptis heredibus, scilicet si eorum, quibus contra tabulas competit, nemo sit, aut petere nollent.*

28.5. Dá-se a posse dos bens conforme ao testamento aos herdeiros nomeados, naturalmente se não houver ninguém a quem caiba a posse dos bens contra o testamento, ou que a queira.[5]

28.6. *Etiamsi iure civili non valet testamentum, forte quod familiae mancipatio vel nuncupatio defuit, si signatum testamentum sit non minus quam septem testium civium Romanorum signis, bonorum possessio datur.*

28.6. Dá-se a posse dos bens no caso de testamento, mesmo inválido por direito civil — por exemplo, por falta da mancipação da família ou da nuncupação — uma vez assinado por, no mínimo, sete testemunhas cidadãos romanos.[6]

28.7. *Intestati datur bonorum possessio per septem gradus: primo gradu liberis; secundo legitimis heredibus; tertio proximis cognatis; quarto familiae patroni; quinto patrono, patronae, item liberis parentibusve patroni patronaeve; sexto viro, uxori; septimo cognatis manumissoris, quibus per legem furiam plus mile asses capere licet: et si nemo sit, ad quem bonorum possessio pertinere*

28.4. Coll. 16, 7, 2 Ulp. Inst.; D. 37, 6, 1, 4 Ulp.; Paul 5, 9, 4. A colação tem por fim igualar as partes dos herdeiros, cf. arts. 2.002 e segs. do CC 2002.

28.5. D. 37, 11, 2 pr. Ulp. 42 ad ed. O direito é modificado a partir de Antonino Pio, Gai. 2, 120, que concede a *exceptio doli mali* contra os herdeiros *ab intestato*.

28.6. Gai. 2, 119; Ulp. 23, 6.

118 REGRAS DE ULPIANO

> *possit, aut sit quidem, sed ius suum omiserit, populo bona deferuntur ex lege Iulia caducaria.*

28.7. A posse dos bens *ab intestato* concede-se segundo sete graus: primeiro, aos filhos; segundo, aos outros herdeiros legítimos; terceiro, aos cognatos mais próximos; quarto, à família do patrono; quinto, ao patrono, patrona e aos seus filhos e pais; sexto, ao marido e à mulher; sétimo, aos parentes de sangue do manumissor que, pela *Lei Fúria*, podem tomar mais de mil asses; e não havendo ninguém a quem caiba a posse dos bens, ou, havendo, perdeu seu direito, os bens se devolvem ao povo por força da *Lei Júlia* caducária.[7]

> **28.8.** *Liberis bonorum possessio datur tam his, qui in potestate usque in mortis tempus fuerunt, quam emancipatis; item adoptivis, non tamen etiam in adoptionem datis.*

28.8. Concede-se a posse dos bens aos descendentes, tanto aos que estiverem sob pátrio poder até a época da morte, quanto aos emancipados; igualmente aos adotivos, mas não aos que tenham sido dados em adoção.[8]

> **28.9.** *Proximi cognati bonorum possessionem accipiunt non solum per feminini sexus personam cognati, sed etiam agnati capite diminuti: nam licet legitimum ius agnationis capitis minutione amiserint, natura tamen cognati manent.*

28.9. Dos cognatos mais próximos recebem a posse dos bens não somente os ligados em parentesco por intermédio de mulheres, mas também aos agnatos que tenham sofrido a *capitis deminutio*; pois, embora perdido o direito de agnação pela *capitis deminutio*, estes continuam cognatos por natureza.[9]

28.7. D. 38, 15, 1 pr. Modestinus; Coll. 16, 9, 1; Inst. 3, 9, 3. Não é clara a relação entre o quarto e o quinto grau. Sobre o fim cf. prefácio e Gai. 2, 150; Ulp. 17, 2; Cod. 10, 10, 1 Dioclet.; Gnomon § 4. Quanto à *Lei Furia*, Ulp. 1, 2.

28.8. Gai. 3, 26 cf. 3, 19 e 20; D. 38, 15, 1, 2 Modest; D. 38, 6, 1, 8 Ulp.; Ulp. 28, 3.

28.9. Gai. 3, 27 e 30 (cf. 3, 21 e 24); Gai. 1, 158 diz: *civilis ratio civilia quidem iura corrumpere potest, naturalia vero nom potest.*

REGRAS DE ULPIANO 119

28.10. *Bonorum possessio datur parentibus et liberis intra annum, ex quo petere potuerunt; ceteris intra centum dies.*

28.10. A posse dos bens se dá aos pais e filhos, dentro de um ano a partir do momento em que podem pedi-la; a todos os outros, dentro de cem dias.[10]

28.11. *Qui omnes intra id tempus si non petierint bonorum possessionem, sequens gradus admittitur, perinde atque si superiores non essent; idque per septem gradus fit.*

28.11. E se não pedirem a posse dos bens dentro do prazo, admite-se o grau sucessivo, como se não existissem; e assim até o sétimo grau.[11]

28.12. *Hi, quibus ex successorio edicto bonorum possessio datur, heredes quidem non sunt, sed heredis loco constituuntur beneficio praetoris. Ideoque seu ipsi agant, seu cum his agatur, ficticiis actionibus opus est, in quibus heredes esse finguntur.*

28.12. Aqueles que têm a posse dos bens pelo edito sucessório não são propriamente herdeiros, mas são postos em lugar de herdeiros por benefício do pretor. Por isso há necessidade de ações fictícias, em que eles, seja como autores seja como réus, se fingem herdeiros.[12]

28.13. *Bonorum possessio aut cum re datur, aut sine re; cum re, cum is, qui accipit, cum effectu bona retineat; sine re, cum alius iure civili evincere hereditatem possit; veluti si suus heres intestati bonorum possessio sine re, quoniam suus heres evincere hereditatem iure legitimo possit.*

28.13. A posse dos bens se concede *cum re* ou *sine re*: a primeira, quando quem a recebe retém efetivamente os bens;

28.10. Inst. 3, 9, 9 e 5; Cf. D. 38, 9 *de successorio edicto.*

28.11. Inst. 3, 9, 6.

28.12. Gai. 3, 32. 81; 4, 34.

120 REGRAS DE ULPIANO

a segunda, quando há alguém que por direito civil pode evencer a herança; por exemplo, se o herdeiro seu for preterido no testamento, embora a posse dos bens conforme ao testamento se defira aos herdeiros nomeados, esta será *sine re*, pois o herdeiro seu pode evencer a herança por força da lei.[13]

29. DE BONIS LIBERTORUM
29. DOS BENS DOS LIBERTOS

29.1. *Civis Romani liberti hereditatem lex Duodecim Tabularum patrono defert, si intestato sine suo herede libertus decesserit: ideoque sive testamento facto decedat, licet suus heres ei non sit, seu intestato, et suus heres ei sit, quamquam non naturalis, sed uxor puta, quae in manu fuit, vel adoptivus filius, lex patrono nihil praestat. Sed ex edicto praetoris, seu testato libertus moriatur, ut aut nihil aut minus quam partem dimidiam bonorum patrono relinquat, contra tabulas testamenti partis dimidiae bonorum possessio illi datur, nisi libertus aliquem ex naturalibus liberis successorem sibi relinquat; sive intestato decedat, et uxorem forte in manu vel adoptivum filium relinquat, aeque partis mediae bonorum possessio contra suos heredes patrono datur.*

29.1. A *Lei das XII Tábuas* defere ao patrono a herança do liberto cidadão romano, desde que falecido sem testamento e sem herdeiros seus; por isso, quer morrendo com testamento, embora não tenha herdeiro seu, quer intestado, mesmo com herdeiro seu, se bem que não natural, ou mulher que esteve *in manu*, ou filho adotivo, a lei nada atribui ao patrono. Mas pelo edito do pretor, falecido o liberto com testamento, para evitar que não deixe nada ou menos de metade ao patrono,

---

28.13. Gai. 2, 148. 151 a; 3, 35 a 37; 4, 34; Ulp. 23, 6 e 26, 8. A restituição é de Krueger, pois no manuscrito a lacuna começa depois da palavra *intestati*.

REGRAS DE ULPIANO   121

concede-se, contra o testamento, a este a posse dos bens, a não ser no caso em que o liberto deixe como sucessor algum dos seus filhos naturais; falecendo o liberto sem testamento e deixando, por exemplo, a mulher *in manu* ou um filho adotivo, concede-se ao patrono a posse dos bens da metade, em detrimento dos herdeiros do falecido.[1]

> **29.2.** *In bonis libertae patronus nihil iuris ex edicto datur. Itaque (...) seu intestata moriatur liberta, semper ad eum hereditas pertinet, licet liberi sint libertae, quoniam non sunt sui heredes matri, obstit patrono.*

29.2. Pelo edito do pretor, nenhum direito tem o patrono quanto aos bens da liberta; pois, querendo ela testar, fica no poder do patrono recusar-lhe sua assistência para a feitura de um testamento em que ele não tenha sido instituído herdeiro; morrendo a liberta sem testamento, a herança por direito civil cabe ao patrono, embora haja filhos, já que a mãe não tem herdeiros seus que obstem ao patrono.[2]

> **29.3.** *Lex Papia Poppaea postea libertas quattuor liberorum iure tutela patronorum liberavit; et cum intulerit, iam posse eas sine auctoritate patronorum testari, prospexit, ut pro numero liberorum libertae superstitum virilis pars patrono debeatur.*

29.3. Posteriormente, em virtude da *Lei Pápia Popea*, as libertas ficaram livres da tutela dos patronos, por terem quatro filhos; e podendo elas assim testar sem a assistência do tutor, a mesma lei dispôs que o patrono pudesse reclamar uma parte igual à de cada um dos filhos supérstites da liberta.[3]

> **29.4.** *Liberi patroni virilis sexus eadem iura in bonis libertorum parentum suorum habent, quae et ipse patronus.*

29.1. Gai. 3, 40 e 41.
29.2. Gai. 3, 43; 1, 192.
29.3. Gai. 3, 44; Ulp. 11, 28; Cf. Gai. 2, 122.

122 REGRAS DE ULPIANO

29.4. Os filhos varões do patrono têm, quanto aos bens dos libertos de seus pais, o mesmo direito que o patrono.[4]

> **29.5.** *Feminae vero ex lege quidem Duodecim Tabularum perinde ius habent, atque masculi patronorum liberi; contra tabulas autem testamenti liberti aut ab intestato contra suos heredes non naturales bonorum possessio eis non competit; sed si ius trium liberorum habuerunt, etiam haec iura ex lege Papia Poppaea nanciscuntur.*

29.5. As mulheres também, pela *Lei das XII Tábuas*, têm os mesmos direitos que os filhos varões dos patronos. Não lhes cabe, contudo, a posse dos bens contra o testamento do liberto falecido intestado em detrimento dos herdeiros deste, que sejam naturais; mas tendo elas três filhos, obtêm igualmente tal direito pela *Lei Pápia Popea.*[5]

> **29.6.** *Patronae in bonis libertorum illud ius tantum habebant, quod lex Duodecim Tabularum introduxit; sed postea lex Papia patronae ingenuae duobus liberis honoratae, libertinae tribus, id ius dedit, quod patronus habet ex edicto.*

29.6. As patronas, com relação aos bens de seus libertos, tinham apenas o direito que inicialmente foi conferido pela *Lei das XII Tábuas*; mas depois, pela *Lei Pápia*, se deram à patrona, ingênua com dois filhos ou liberta com três, os mesmos direitos que tem o patrono por força do edito.[6]

> **29.7.** *Item ingenuae trium liberorum iure honoratae eadem lex id ius dedit, quod ipsi patrono tribuit.*

29.7. Ainda, pela mesma lei, à patrona com três filhos foi dado o mesmo direito que se atribuiu ao próprio patrono.[7]

29.4. Gai. 3, 45.
29.5. Gai. 3, 46 e 47.
29.6. Gai. 3, 49 e 50.
29.7. Gai. 3, 50.

REGRAS DE ULPIANO 123

A - DE INIURIIS
A - DAS INJÚRIAS[A-T]

A-1. *Iniuria si quidem atrox (id est, gravis) non est, non sine iudicis arbitrio aestimatur. Atrocem autem aestimare solere praetorem: idque colligi ex facto, ut puta si verberatus vel vulneratus quis fuerit.*

A-1. Não sendo *atrox, i.e.,* grave, a injúria é avaliada a arbítrio do juiz. A grave costuma ser avaliada pelo pretor; ele se baseia em fatos; por exemplo, se alguém foi chicoteado ou ferido.[A-1]

B - ACTIOUNUM GENERA
B - ESPÉCIES DE AÇÕES[B-T]

B-1. *Actionum genera sunt duo, in rem, quae dicitur vindicatio, et in personam, quae condictio appellatur.*

B-1. Há dois tipos de ações: a ação *in rem,* chamada reivindicação, e a *in personam,* denominada *condictio.*[B-1]

B-2. *In rem actio est, per quam rem nostram, quae ab alio possidetur, petimus: et semper adversus eum est qui rem possidet.*

A-T. O trecho é tirado de Coll. 2, 2 que resume Gai. 3, 224 e 225. Quem deve avaliar a injúria varia, segundo a gravidade desta: quando se trata de injúria simples é a própria parte, controlada pelo *iudex privatus;* quando há injúria grave, é o órgão jurisdicional *(praetor).* Pela *Lei Cornélia* das injúrias, às vezes o delito é perseguido criminalmente; no direito de Justiniano a parte lesada pode escolher entre o processo civil e o criminal, Inst. 4, 4, 10. É evidente a progressiva intervenção do Estado; nos tempos modernos a injúria, sendo delito *(crimen),* faz parte do direito público.

A-1. *(Nihil).*

B-T. O trecho é tirado de D. 44, 7, 25 Ulp. *libro singulari regularum.* Comparando-se-lhe o estilo ao do texto vaticano, evidencia-se o caráter de resumo deste, pois foram suprimidas as distinções feitas por Gaio.

B-1. Gai. 4, 5.

124 REGRAS DE ULPIANO

B-2. A ação é *in rem*, quando reclamamos coisa nossa possuída por outrem; é sempre contra o possuidor da coisa.[B-2]

> **B-3.** *In personam actio est, qua cum eo agimus, qui o-bligatus est nobis ad faciendum aliquid vel dandum: et semper adversus eudem locum habet.*

B-3. A ação é *in personam*, quando acionamos quem se obrigou, para conosco, a fazer ou a dar algo; é sempre contra este.[B-3]

> **B-4.** *Actionum autem quaedam ex contractu, quaedam ex facto, quaedam in factum sunt.*

B-4. Algumas ações derivam de contrato, outras de fato, outras são *in factum*.[B-4]

> **B-5.** *Ex contractu actio est, quotiens quis sui lucri causa cum aliquo contrahit, veluti emendo vendendo locando conducendo et ceteris similibus.*

B-5. Provêm de um contrato, quando houve ajuste com finalidade lucrativa; por exemplo compra, locação, etc.[B-5]

> **B-6.** *Ex facto actio est, quotiens ex eo teneri quis incipit, quod ipse admisit, velut furtum vel iniuriam commisit vel damnum dedit.*

B-6. A ação deriva de um fato, quando a responsabilidade resulta de um ato praticado, como no caso de se perpetrar um furto, de se fazer uma injúria, de se ocasionar um dano.[B-6]

> **B-7.** *In factum actio dicitur, qualis est exempli gratia actio quae datur patrono adversus libertum, a quo contra edictum praetoris in ius vocatus est.*

B-2. Gai. 4, 3.

B-3. Gai. 4, 2.

B-4. Este parágrafo e os seguintes coincidem parcialmente com D. 44, 7, 52, indicado como de autoria de Modestino, Livro segundo das *Regras*, onde o delito (*delictum, maleficium, peccatum*) se assimila ao fato. Pode ser que o texto de Ulp. derive da mistura de Gai. 4, 7 até 9 com Gai. 4, 45.

B-5. *(Nihil).*

B-6. *(Nihil).*

REGRAS DE ULPIANO 125

B-7. Chama-se *in factum* a ação de que é exemplo a que se dá ao patrono contra o liberto, que o chamou a juízo, infringindo o edito do pretor.[B-7]

B-8. *Omnes autem actiones aut civiles dicuntur aut honorariae.*

B-8. Todas as ações ou são civis ou honorárias.[B-8]

B-7. Gai. 4, 46; cf. Gai. 4, 183. 186.

B-8. Gai. 4, 110.

Impressão e acabamento:
GRÁFICA PAYM
Tel. (011) 4392-3344